Säuglingsschwimmen

Mit freundlicher Unterstützung

evian und Deutsche Schwimmjugend

Allgemeiner Hinweis:

Im Buch wird der Begriff Elternteil für Mutter und Vater sowie für andere mit dem Säugling am Schwimmen teilnehmende Bezugspersonen verwandt.

Der Text ist einheitlich in der männlichen Form verfasst worden. Die weibliche Form ist entsprechend gleichberechtigt mitgemeint.

Es sei darauf hingewiesen, dass die Rolle der weiblichen Bezugsperson (Mutter) (s. Kap. 2.3) nicht als vorrangig zu werten ist. Der Vater kann auf seine Weise dem Säugling wertvolle Bezugsqualitäten anbieten. Biologisch betrachtet sowie in gesellschaftlicher Hinsicht wird jedoch in der Regel von der Mutter die „Rundum"-Betreuung des Kindes verantwortet.

Lilli Ahrendt

Säuglingsschwimmen

und kindliche Entwicklung

Theorie und Praxis des Eltern-Kind-Schwimmens im ersten Lebensjahr

Mit Fotos von Mathilde Kohl und Henning Kaiser

Meyer & Meyer Verlag

Säuglingsschwimmen

Bibliografische Information der Deutschen Bibliothek

Die Deutsche Bibliothek verzeichnet diese Publikation in der Deutschen Nationalbibliografie; detaillierte bibliografische Details sind im Internet über <http://dnb.ddb.de> abrufbar.

4., überarbeitete Auflage 2016

Auckland, Beirut, Dubai, Hägendorf, Hongkong, Indianapolis, Kairo, Kapstadt, Manila, Maidenhead, Neu-Delhi, Singapur, Sydney, Teheran, Wien

Member of the World Sport Publishers' Association (WSPA)

Gesamtherstellung: Print Consult GmbH, München

ISBN 978-3-89899-670-9

E-Mail: verlag@m-m-sports.com

www.dersportverlag.de

Inhalt

Vorwort

Babyschwimmen wurde in den 60er Jahren des vorigen Jahrhunderts von Liselott Diem aus den USA in die Bundesrepublik Deutschland eingeführt und als Unterrichts- und Forschungsvorhaben an der Deutschen Sporthochschule etabliert.

Seitdem hat es sich in vielfacher Hinsicht verändert. Es stieß sowohl im wieder vereinten Deutschland als auch bei den europäischen Nachbarn, insbesondere bei Franzosen und Skandinaviern, auf lebhaftes Interesse und entwickelte sich weiter.

So haben der Trend zu Erlebnisbädern, der Bau kleiner Becken mit warmem Wasser, Fernseh- und Radiosendungen über Wassergeburten und wassergewandte Schwimmkinder, aber auch wissenschaftliche Berichte über Babyschwimmen einen wahren Boom an Bewegungsangeboten für Kinder im ersten Lebensjahr ausgelöst: das so genannte „Säuglingsschwimmen".

Der Vielfalt unterschiedlicher Angebote steht eine große Nachfrage von Eltern, Vereinen, Kommunalverwaltungen, Bäderpersonal, Betreuungseinrichtungen nach sachkundiger Anleitung gegenüber. Trotzdem fehlt noch immer ein allgemein gültiges Qualifikationssystem für Angebotsträger und Kursleiter. Allerdings hat der Deutsche Schwimm-Verband im vergangenen Jahr mit ersten Ausbildungslehrgängen die Initiative ergriffen.

Den Nachfragern wie den Anbietern gibt das Buch Auskunft: über die nötigen Voraussetzungen, über das Säuglings- und Elternverhalten im Wasser, über sichere Haltegriffe und bewegungsanregende Übungen, über zu erwartende Auswirkungen und verschiedene Zielsetzungen der motorischen Frühförderung im nassen Element. Eine Zielsetzung hat sich allerdings als unrealistisch herausgestellt, nämlich die der Vorbereitung von jungen Weltklasseschwimmern mithilfe des Säuglingsschwimmens.

Kurt Wilke

(Prof., ehemaliger Leiter des Instituts für Schwimm-, Wasser-, Winter- und Kampfsport an der Deutschen Sporthochschule Köln)

I Einführung: Babyschwimmen oder Säuglingsschwimmen?

Um die vorrangig altersdifferenzierte Gruppeneinteilung für die im Buch gemeinte Zielgruppe festzulegen, wird der Begriff *Säuglingsschwimmen* gegenüber dem des *Babyschwimmens* bevorzugt. Der Begriff Babyschwimmen ist amerikanischen Ursprungs und weist in seiner Terminologie keine altersspezifische Trennschärfe auf.

In Anlehnung an die menschlichen Alters- und Entwicklungsstufen unterscheiden wir:

- Säuglingsschwimmen (1. Lebensjahr)
- Kleinkindschwimmen (2. + 3. Lebensjahr)
- Vorschulschwimmen (4. + 5. Lebensjahr)

Für das Säuglingsschwimmen behält der Begriff *Schwimmen* – in Abgrenzung zum Baden – seine volle Berechtigung bei. Auch wenn die Säuglinge sich noch nicht zielgerichtet und ausdauernd im Sinne des selbstständigen Fortbewegens im Wasser bewegen, so ist doch die individuelle Leistung, das aktive Handeln und das aktive Fortbewegungsbemühen des Säuglings maßgeblich.

Die Eltern selbst nehmen aktiv teil, um den Säugling mit den Händen zu unterstützen und seinen Kopf oberhalb der Wasseroberfläche zum Atmen zu sichern.

Der Begriff *Eltern-Kind-Gymnastik* im Wasser (vgl. Graumann 1996; Deutscher Sportärztebund 1994) beinhaltet dagegen einen Übungscharakter, welcher die spontanen Bewegungen des Säuglings und die gegenseitige Beeinflussung zwischen Elternteil und Kind weniger stark berücksichtigt.

Das Säuglingsschwimmen erfolgt nach einem fachlich angeleiteten Eltern-Kind-Bewegungsprogramm in stehtiefem und ungefähr 32° C warmem Wasser, nach dem in spielerischer Atmosphäre in Gruppen unterrichtet wird. Der auf Frühstimulation ausgerichtete Unterricht und die gleichzeitige pädagogische Betreuung charakterisieren das beabsichtigte und bewusste Handeln der Eltern mit dem Säugling.

Das mögliche Einstiegsalter beginnt, abhängig von den Fähigkeiten des Säuglings, seinen Kopf halten zu können, durchschnittlich ab der 12. Lebenswoche.

Dieser Zeitpunkt ist für den Beginn deshalb vorteilhaft, weil sich in den ersten sechs Lebensmonaten – neurologisch betrachtet – die Hirnreifung am deutlichsten vollzieht, die Bindung an die Bezugsperson, bezogen auf das Urvertrauen, in diesem Zeitrahmen stattfindet und die Reflexschwimmbewegungen am stärksten ausfallen. Insbesondere, wenn das Säuglingsschwimmen aus therapeutischen Gründen ratsam ist, sollte im Sinne der Frühförderung mit dem Schwimmen begonnen werden, bevor der Säugling zu fremdeln oder zu trotzen beginnt, da dies die Förderung deutlich erschwert.

Auch ein späterer Schwimmbeginn ist möglich. Dann sollte doch bedacht werden, dass im nachfolgenden zweiten Lebenshalbjahr beim Säugling die ersten Ängste vor fremden Personen und Umgebungen auftreten, das Zahnen beginnt, die Krankheitshäufigkeit zunimmt und der Säugling wegen seines beginnenden Fortbewegungsbestrebens sowie seiner motorischen Möglichkeiten weniger auf Bewegungsreize von außen angewiesen ist als vorher.

Das Säuglingsschwimmen intensiviert ganz bewusst die Eltern-Kind-Beziehung und fördert durch frühzeitigen Kontakt zu Gleichaltrigen die kindliche Entwicklung, insbesondere hinsichtlich der Persönlichkeit, der Sozialisation sowie der Motorik. Darüber hinaus bildet die positive Einstellung des Kindes zum Wasser und der Grad seiner Wasservertrautheit (vgl. Jenner 2000) die Basis für die Freude an und im Umgang mit dem Wasser (z. B. Urlaub, Duschen). Sie setzt sich fort im späteren Interesse am Schwimmenlernen und entspricht dem Lehrgrundsatz des Schwimmens, das Schwimmenlernen über die schrittweise Wassergewöhnung und Wasserbewältigung anzubahnen.

Eine sportliche Schwimmtechnik kann ein Kind im Allgemeinen frühestens ab drei Jahren bewusst erlernen, wenn es eine hinreichende kognitive, körperliche und motorische Reife besitzt.

II Zur Theorie des Säuglingsschwimmens

1 Das Wasser

Wasser ist, chemisch betrachtet, eine Verbindung von Wasserstoff und Sauerstoff. Es ist geruch- und geschmacklos, durchsichtig und zeigt eine schwach blaue Färbung. Ein Neugeborenes besteht zu über 73 % aus Wasser und sein Vorleben begann in diesem Milieu in Form des Fruchtwassers.

1.1 Die Bedeutung des Wassers: vom Urelement zum Bewegungselement

Vom Wasser, dem *Urelement* des Menschen, geht im Allgemeinen auf Säuglinge und Kleinkinder eine intensive Wirkung aus. Das so vielgestaltige, formlose Element beeindruckt durch seine Reinheit und Klarheit mit seinem Strömen und Rauschen. Das flüssige Element wurde von jeher auf Grund seiner thermischen und physikalisch-chemischen Eigenschaften nicht nur zur Reinigung und seelischen Erquickung (deshalb auch seine

Bedeutung in den Weltreligionen!), sondern auch gezielt als Heilmittel und Regulans eingesetzt.

Dem Säugling ist das Medium in besonderer Weise vertraut. In seiner pränatalen Phase *lullte* er im Fruchtwasser. Dieses Umgebensein vom Wasser, verbunden mit einer großen Bewegungsfreiheit und muskulären Erleichterung, unter hautintensiven Reizen und körperintensiver Zuwendung der Bezugsperson, begründet möglicherweise die zumeist positiven Reaktionen des Säuglings beim Aufenthalt im Wasser.

Das Medium Wasser bietet dem Säugling ein großes Reiz-Reaktions-Repertoire; es *beantwortet* die menschliche Bewegung durch die Veränderung seiner Form: in Spritzern, Wirbeln, Strömungen oder Aufschäumungen. Der Säugling erlebt deshalb sich, seinen Körper und seine Bewegungen in weitaus intensiverem Maße als an Land.

Wenn er dies zudem freudvoll als eigentätige und verursachende Aktivität erlebt, ist er bestrebt, Bewegungen zu wiederholen, zu erproben und zu lernen. Da man bei Säuglingen im Allgemeinen eine positive Resonanz im Wasser beobachtet, wird das Schwimmen als Anreiz für die Bewegungsentwicklung, d. h. als Bewegungsförderung, im Wasser eingestuft.

Während sich der Säugling unter Landbedingungen in den ersten sechs Lebensmonaten noch nicht fortbewegen und nur mühsam den Kopf beim Armstütz aus der Horizontalen anheben kann, ermöglicht ihm die dreidimensionale Freiheit im Wasser, sich mit elterlicher Unterstützung auszuleben und zahlreiche Bewegungsmöglichkeiten wiederholend und variierend zu erproben. Zudem lässt die elterliche ziehende Hand – am Körperschwerpunkt des Säuglings unter dem Brustkorb – den Säugling dynamischer mit seinen Gliedmaßen agieren.

Durch das elterliche Halten am Brustkorb und die damit verbundene Druckwirkung in der Brustzone wird das Aufrichten des Säuglings begünstigt. Der Körper nimmt eine symmetrische[1] Körperlage ein, Hals- und Brustwirbelsäule strecken sich, die Schulterblätter werden abduziert[2] und die Arme nach außen gerichtet. Die Beine beugen sich im Hüftgelenk und führen wechselseitige Tretbewegungen aus. Die *Reflexlokomotion* wird besonders durch Wasserspritzer und Berührungsreize an den Fußsohlen angeregt.

Ausgehend von der Vojta-Methode der globalen Bewegungsmuster wirkt sich die *Reflexlokomotion* als formender Wachstumsreiz auf den Stütz- und Bewegungsapparat, das zentrale Nervensystem (ZNS) und die Psyche aus (vgl. Potacs, 1995). Wird das *Reflexkriechen* in der Bauchlage stimuliert, aktiviert sich die quer gestreifte Muskulatur, und die im ZNS angelegte Koordination kann angebahnt[3] werden.

1 gleichmäßig, harmonisch.

2 nach außen gerichtet (von der Körperachse) wegbewegen.

3 übertragen verwendet für in die Wege leiten.

Die einzelnen Bestandteile dieser Muskelspiele, die Schwerpunktverlagerung, das Aufrichten, das Austarieren des Körpers und die koordinierte Körperverhaltensänderung sind ansatzweise auch in den später auftretenden willentlichen und bewussten Fortbewegungsmustern enthalten. Man aktiviert demnach die Koordination und die Muskulatur für Bewegungsmuster (z. B. Vorgang des Kriechens), die ohne Säuglingsschwimmen im natürlichen Entwicklungsverlauf wegen der zwingenden Auseinandersetzung mit der Schwerkraft und der Reifung des ZNS erst später auftreten würden.

1.2 Wirkungen des Elements auf den Menschen

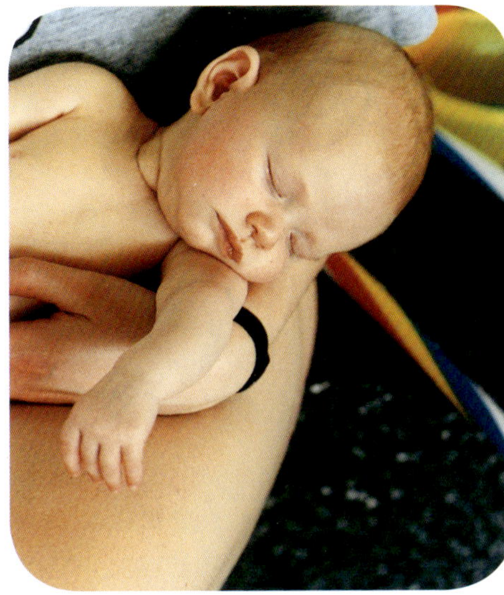

Im Wasser verändern sich die Körper- und Sinneseindrücke.

Taucht der Körper des Säuglings ins Wasser ein, so löst dies – je nach Entwicklungsalter – reflexgesteuerte und instinktive Schwimmbewegungen aus, welche die Hirntätigkeit des ZNS stimulieren. Die Nacktheit intensiviert das Körper- und Bewegungsempfinden und unterstützt den Aufbau des Körperschemas.

Die großflächigen Berührungsreize durch den Wasserwiderstand stimulieren die unter der Haut liegenden Nervenfasern, wodurch eine entspannende, den Muskeltonus regulierende Wirkung erzeugt wird. Nach dem Schwimmen schlafen die Säuglinge daher tiefer und länger.

Der Säugling erfährt im Wasser seine ersten dreidimensionalen Bewegungsaktivitäten im Gegensatz zum Aufenthalt an Land. Die Beine können ungehindert unter den Körper gezogen werden. Diese ersten *Reflexschwimmbewegungen (cigarette lighter)* sind bis zum fünften Monat nachweisbar. Sie werden von symmetrischen Beuge- und Streckbewegungen im sechsten Monat abgelöst und werden ab dem 11. Monat zur willkürlichen Fortbewegung als eine Art *Laufbewegung (bicycling)* in senkrechter Position durchgeführt (vgl. Wielki & Houben, 1983). Die Bewegungsmuster und das Aufrichten des Körpers unterscheiden sich prinzipiell nicht von der motorischen Entwicklung unter Landbedingungen. Im Wasser unterliegt der Körper physikalischen Einflüssen, die sich besonders in den Altersphasen eines Säuglings, in denen dieser sich an Land noch nicht eigenständig fortbewegen und der Schwerkraft noch nicht mit Muskelkraft entgegenwirken kann, anregend wirken.

Die durch das Wasser ausgelösten *Reflexschwimmbewegungen* ermöglichen es dem Säugling frühzeitig[4], sich als selbsttätig zu erleben. Die Bauchlageposition bietet ihm

4 durchschnittlich ab dem dritten Monat.

ein großes visuelles Wahrnehmungsspektrum. Mit Hilfe der dosierten elterlichen Hilfestellung kann der Säugling erste Ziele ansteuern. Die positiv erlebten Ursache-Wirkung-Zusammenhänge seiner Bewegung lassen das Kind eine hohe Eigenmotivation für Bewegung entwickeln. Lob, Zuspruch und schützender Hautkontakt intensivieren die Eltern-Kind-Beziehung und fördern die Selbstsicherheit des Säuglings.

Die Auftriebskraft reduziert das Körpergewicht nach dem archimedischen Prinzip[5] und entlastet den Stütz- und Bewegungsapparat. Da im Wasser wenig statische Muskelkraft notwendig ist, wird die dynamische muskuläre Arbeit begünstigt. Hinzu kommt, dass Bewegungseinschränkungen auf Grund geringer Bekleidung entfallen.

Außerhalb des Wassers befindliche Körperteile wie der Kopf bedürfen der statischen Haltungskontrolle. Auf Grund der Eigenbewegung des Mediums Wasser erhält das Gleichgewichtsorgan des Kindes in verstärkter Weise Reize, die eigenen Bewegungen zu kontrollieren und deren Ablauf zu verbessern.

Die als lau empfundene Wassertemperatur von 31-33° C[6] provoziert aktive Bewegung, vertieft die Atmung und regt das Herz-Kreislauf-System an. Im Moment des Wasserkontakts und durch die wechselnden Ein- und Austauchbewegungen des Brustkorbs wird die Atmung des Säuglings beschleunigt und vertieft, bei längerem Wasseraufenthalt verlängern und vertiefen sich die Atemzüge allmählich, der Druck auf den Brustkorb bewirkt ein vermehrtes Ausatmen, die Atemhilfsmuskulatur wird gekräftigt mit wiederum positiver Auswirkung auf die Brustkorbentwicklung.

Infolge von Temperatur und Bewegung im Wasser reguliert sich der Muskeltonus dahingehend, dass die Bewegungen ökonomisiert werden und sich deren Koordination ständig verbessert. Eine Wassertemperatur von mehr als 33° C würde die Muskulatur entspannen und die Bewegungsimpulse verringern.

Der Reibungswiderstand wirkt bewegungshemmend und muskelkräftigend. Der Widerstand nimmt zu, je zügiger die Bewegung erfolgt und je größer die Angriffsfläche ist, welche der Körper dem Wasser entgegenstellt. Bei gestörten Bewegungsabläufen, z. B. infolge von Unfällen oder Behinderungen, ist der Widerstand als Führungs- und Steuerungswiderstand einsetzbar.

---

5 Archimedisches Prinzip: Der Körper reduziert sein Gewicht im Wasser um das Gewicht der durch sein Eintauchen verdrängten Flüssigkeitsmenge.

6 Bei einem 45-minütigen Aufenthalt in 33°C warmem Wasser fällt die Körpertemperatur um maximal 0,2° C ab (vgl. Bauermeister, 1984[9]).

1.3 Wasserqualität

„Die präventiv-medizinischen Aspekte des Schwimmens stehen außer Diskussion, allerdings muß das Schwimmbadwasser eine einwandfreie hygienische Beschaffenheit aufweisen."

(Beck & Schmidt, 1994, 134f.)

Die Arbeitsweise von Wasseraufbereitungs- und Belüftungsanlagen für Schwimmbäder ist durch die Schwimm- und Badewasserverordnung (DIN 19 643) geregelt. Für Hallenbadebecken mit Wasserumwälzung und -entkeimung bestehen spezielle Wasserqualitätsanforderungen in mikrobiologischer, chemischer und physikalischer Hinsicht.

Nach dem Bundesseuchengesetz (§ 11) darf das Schwimm- und Badewasser in öffentlichen Bädern oder Gewerbebetrieben die menschliche Gesundheit durch Krankheitserreger nicht schädigen. Diese Anforderungen gelten genauso für das Wasser in Bewegungsbädern von Krankenhäusern. In öffentlich und kommerziell genutzten Schwimmbädern muss die Trinkwasserqualität eingehalten werden und sind Desinfektionsmittel (z. B. Chlorgas, Ozon) zu verwenden, oder die physikalische Desinfektion des Wassers hat durch UV-Behandlung zu erfolgen (vgl. DIN 19 643, S. 6ff.).

Das Wasser wird desinfiziert, aufbereitet und kontrolliert, um die Gefahr von schädlichen und krankheitserregenden Bakterien einzudämmen und Viren zu inaktivieren. Das für die Schwimmbadtechnik verantwortliche Personal untersucht deshalb 3 x täglich entnommene Wasserproben. Das Gesundheitsamt führt monatliche mikrobiologische Beckenwasseruntersuchungen durch.

Die höhere Wassertemperatur (32° C) und die hohe personelle Nutzung des Lehrschwimmbeckens, in dem das Säuglings- und Kleinkindschwimmen vorrangig stattfindet, bedingt eine strenge Kontrolle der hygienischen Verhältnisse. Die hygienischen Vorgaben gelten auch für das Schwimmbadpersonal selbst mit entsprechenden Kontrollen, um das gesundheitliche Wohl aller zu gewährleisten.

Die Wasserbeschaffenheit muss u. a. folgende Parameter gewährleisten (vgl. DIN 19 643):

- Freies Chlor 0,3-0,6 mg/l und gebundenes Chlor 0,0-0,2 mg/l.
- pH-Wert 6,5-7,6 und Nitrat 0,0-20 mg/l.
- Trihalogenmethane 0,0-0,02 mg/l.
- Koloniezahl max. 100/ml Badewasser; die Bakterien E. coli und coliforme Keime sowie Pseudomonas aeruginosa dürfen in 100 ml Wasser nicht nachweisbar sein. Ferner wird die Keimtötungsgeschwindigkeit (Redoxreaktion) ermittelt.
- Klare Sicht bis zum Beckenboden, normale (d. h. türkisblaue) Färbung des Wassers und ständige Durchströmung des Schwimmbeckens sowie Frischwasserzufuhr (30 l/Person).

Trihalogenmethane sind chemische Verbindungen, welche durch die Reaktion von Chlor mit organischen Verbindungen entstehen können, wenn Füll- oder Beckenwasser verunreinigt wird. Sie bilden leicht flüchtige Chlorwasserstoffverbindungen (z. B. Chloroform), die sich über der Wasseroberfläche als „Gaspolster" halten können, wenn insbesondere in Hallenbädern eine ungenügende Luftbewegung herrscht.

Die Schmutzpartikel, wie Haare, Hautschuppen, Hauttalg, Hautöl, Schleim, Speichel, Schweiß, Urin, Seifenreste, Kosmetika und Mikroorganismen (z. B. Bakterien, Viren und Pilze) bzw. Textilfasern, welche in das Beckenwasser gelangen, stammen vorwiegend vom Körper. Sie werden durch die ständige Wasser über die Überlaufrinne in die Aufbereitungsanlage abgeführt. Um diese Wasserverunreinigungen zu reduzieren, ist es für *alle* Badbenutzer unumgänglich, den Körper gründlich zu reinigen. Für Eltern einschließlich ihrer Säuglinge gilt obligatorisch, vor Betreten des Wassers zu duschen. Da das *Hygienebewusstsein* in der Praxis mitunter noch zu wünschen übrig lässt, ist den Kursteilnehmern bereits in der ersten Stunde eine gezielte Einführung zum Duschen zu geben, um den Eltern von Anbeginn an ein selbstverständliches und verantwortliches hygienisches Verhalten zu vermitteln und die Säuglinge spielerisch und variantenreich mit dem Medium vertraut zu machen (z. B. mithilfe eines Schlauchs[7] oder Gießkannen).

Die gründliche Körperreinigung und -pflege gilt ebenso nach dem Wasseraufenthalt. Anschließendes Duschen, Einkremen[8] und Massieren fördern die Hautdurchblutung; der Körper wird aufgewärmt und sein Wohlbefinden insgesamt gesteigert. Um Ansteckungsgefahren an den Füßen oder am Mund vorzubeugen, sollten außerhalb des Beckens Badeschuhe getragen werden und die verwendeten Spielmaterialien sauber sein.

Der Harndrang verstärkt sich während und insbesondere nach Wasseraufenthalt beim Menschen durch den *Gauer-Henry-Reflex*[9], sodass Eltern stets anzuhalten sind, ihrem Säugling direkt nach dem Duschen die Windeln anzulegen. Aus hygienischen Gründen ist über die Wickelunterlage stets noch ein eigenes mitgebrachtes Handtuch zu legen.

Die zwar geschlossenen Abfallbehälter sind wegen der Windelgerüche direkt nach Kursende vom Kursleiter zu entleeren.

---

7 aufgeschnittener Fahrrad- oder Waschmaschinenschlauch, der über den Duschkopf gezogen und befestigt wird.

8 Nicht alle Kremes sind empfehlenswert. Informationen dazu s. Öko-Test-Sonderheft Kleinkinder (1998) 25 und (1999) 28.

9 Auch Diuresereflex; Regelung der renalen Wasserausscheidung über Dehnungsrezeptoren im linken Herzvorhof. Durch die vermehrte Füllung des Herzens mit Blut treten beim und nach dem Wasseraufenthalt ein verstärkter Harndrang und eine verstärkte Harnausscheidung auf (vgl. Pschyrembel, 1998, S. 551; Wilke, 1990, 22).

1.4 Luftqualität

Neben der Wasserqualität wird zunehmend auch die Luftqualität in Hallenbädern und deren Auswirkung auf die Gesundheit wissenschaftlich untersucht. Dabei wird die Stickstoffverbindung Trichloramin in den Blick genommen, die entsteht, wenn organische Stickstoffverbindungen (z.B. Harnstoff) mit chlorhaltigen Desinfektionsmitteln in Verbindung kommen und an der Wasseroberfläche ausgasen und eingeatmet werden. Die Vermutung, dass ein kausaler Zusammenhang zwischen Säuglingsschwimmen und asthmatischen Erkrankungen und Allergien bestehe, konnte nicht nachgewiesen werden. In einigen wissenschaftlichen Studien wurden bei Säuglingen, die im ersten Lebensjahr am Schwimmen teilgenommen hatten, vielmehr Schutzeffekte festgestellt (vgl. Bundesgesundheitsblatt 54 (2011) 8, S. 999; Ahrendt (2013)).

Praktisch betrachtet: Wer *vor* dem Schwimmen mit seinem Säugling gründlich duscht, trägt zu einen guten Wasser- und Luftqualität bei!

2 Der Säugling

Der Mensch wird als *physiologische Frühgeburt* bezeichnet, weil seine gehirnphysiologische Entwicklung mit der Abnabelung noch nicht abgeschlossen ist; die Vernetzung der nervalen Strukturen dauert noch ungefähr bis zum Ende des zweiten Lebensjahres an.

Auch entwicklungspsychologisch betrachtet, hängt der Säugling in seinen Bewegungen weit zurück, weshalb er auch als *Mutterhocker* oder *Tragling* bezeichnet wird. Seine Sinnesorgane sind noch nicht voll funktionsfähig ausgereift, und sein unbeholfener Zustand bindet ihn – gefühlsmäßig betrachtet – sehr stark an seine Bezugspersonen. Nur allmählich wird er bewegungsaktiv und entdeckt sein Umfeld. Die Aktionen bzw. Reaktionen lösen Staunen und auch Freude aus und fordern sein erstes spielerisches Verhalten heraus.

- Im ersten Lebensjahr vollzieht sich die Bewegungsentwicklung
- vom Bewegtwerden zum Sich-selbst-Bewegen,
- von der reflexgesteuerten zur willkürlich gesteuerten Motorik,
- vom Sich-selbst-Entdecken zum Entdecken der Umwelt,
- von der Haltungskontrolle zur Bewegungskontrolle und
- von der Empfindung zur sensomotorischen Integration[10].

2.1 Körperliche und motorische Entwicklung: vom Bewegtwerden zum Selbstbewegen

Pränatal ist der Säugling auf das Engste mit seiner Mutter verbunden und wird durch die Bewegungen im Uterus stimuliert. Mit dem Abnabeln äußert er sich erstmalig durch lautes Schreien, welches *Körperkontakt-Verlustangst* ausdrückt. Deshalb gilt der mütter- oder väterliche Körperkontakt als ein universelles Beruhigungsmittel für den Säugling in den ersten Lebensmonaten. Die Mutter ihrerseits entwickelt im Verlauf von Schwangerschaft, Entbindung und Stillzeit höhere perzeptive[11] Empfindlichkeiten und kann deshalb entsprechend einfühlsam reagieren.

10 Die einzelnen Sinnesempfindungen werden in ein übergeordnetes Ganzes eingefügt und miteinander verknüpft.

11 sinnlich wahrgenommene.

Nach der Entbindung zeigt der Säugling in seinen Reaktionen, dass er weiterhin nach mutterleibähnlichem Schutz vor neuartigen Reizen sucht und durch den Körperkontakt ein Gefühl von Geborgenheit und Urvertrauen empfindet. Dieser Schutz durch Körperkontakt wird auch als Erdung des Säuglings für alle seine neuen Erlebnisweisen bezeichnet. Besonders in den ersten drei Lebensmonaten, in der sog. *intentionalen Phase*, bildet der Körperkontakt das primäre Kontakterleben des Kindes. Im zweiten Quartal, der oralen Phase, entsteht eine optische und akustische Beziehung zur Mutter und zum Vater.

Körperliche Entwicklung

Die körperliche Entwicklung des Säuglings ist durch große Gewichtszunahme und starkes Längenwachstum gekennzeichnet, die wegen der Vielzahl von Abhängigkeiten durch Vererbung, Ernährung und Geschlecht unterschiedlich verläuft. Der Säugling, mit einem durchschnittlichen Geburtsgewicht von 3.000-3.500 g, hat sein Gewicht mit fünf Monaten verdoppelt und mit einem Jahr verdreifacht. Ähnlich verläuft das Längenwachstum. Bei der Geburt ist das Kind durchschnittlich 50-52 cm lang, im Alter von einem Jahr misst es 74-80 cm.

Im Laufe des Wachstums verändern sich die Körperproportionen und das Erscheinungsbild. Beim Neugeborenen beträgt der Kopf ein Viertel der gesamten Körperlänge, beim Erwachsenen nur noch ein Achtel. Arme und Beine sind im Verhältnis zum Körper kurz. Mit dem Wachstum der Gliedmaßen verlagert sich der Körperschwerpunkt mit der Folge, dass sich die Balancefähigkeiten verbessern. Die Beinlänge beträgt beim Neugeborenen ein Drittel der Gesamtgröße, beim Erwachsenen dagegen die Hälfte. Die Beine sind im Kniegelenk bis zur ersten *Streckung* im Alter von fünf Jahren stets leicht gebeugt.

Die Kopfproportionen sind markant durch einen großen Hirn- und kleinen Gesichtsschädel. Diese Ausformung mit dem großen Kopf, den vollen Wangenpartien und großen Augen sowie dem kleinen Körper kennzeichnet das *Kindchenschema*, das bei Erwachsenen ein dem Kind zugewandtes Verhalten auslöst.

Das gesunde Neugeborene bekundet durch den ersten Schrei nach der Entbindung seine eigenständige Atmung. Es macht durchschnittlich 40-50 Atemzüge in der Minute. Zum Vergleich: Ein Kleinkind atmet in der Zeit 25-35 mal, ein Erwachsener 15-20 mal. Seine Atemzüge sind fast unhörbar; es atmet vorwiegend durch die Nase.

Der Pulsschlag, die vom Herzen übertragene Druckwelle in den Schlagadern, lässt sich am besten an der Innenseite des Oberarms oder an der Halsschlagader ertasten. Das Herz schlägt in den ersten sechs Monaten durchschnittlich 120-130 mal/min, von

7-12 Monaten 100-120 mal/min und im zweiten Lebensjahr 90-100 mal/min. Bis zum Erwachsenenalter senkt sich die Pulsfrequenz auf 60-80 Schläge/min.

Der Blutdruck, d. h. der durch die Muskelkraft des Herzens erzeugte Druck des strömenden Blutes im Gefäßsystem, steigt im Verlauf des Lebens an. Betragen die systolischen (maximalen) und diastolischen (minimalen) Blutdruckwerte des Neugeborenen noch 60/35 mmHg, erhöhen sie sich bis zum ersten Lebensjahr schon auf 80/50 mmHg. Beim Erwachsenen beträgt der Blutdruck ungefähr 120/80 mmHg.

Säuglinge und Kleinkinder haben auf Grund ihrer schnellen und flachen Atmung (und mangelnden Konzentrationsfähigkeit) allgemein eine geringe (physische und psychische) Ausdauer. Da sich der Blutkreislauf jedoch schnell einer Belastung anpasst, können sie sich in kurzer Zeit effektiv erholen.

Motorische Entwicklung

Motorik beinhaltet alle an der Steuerung und Kontrolle von Haltung und Bewegung beteiligten Prozesse, welche aus dem vielfältigen Zusammenspiel von sensorischen, perzeptiven, kognitiven, motivationalen Vorgängen[12] resultieren (vgl. Baur, Bös & Singer, 1994, S. 17).

12 Vorgänge, die durch die funktionelle Aufnahme der Sinnesorgane (sensorisch), durch das Wahrnehmen und Erkennen (perzeptiv), durch das Verlangen (motivational) und das Verarbeiten (kognitiv) des Kindes zu seinem Wissen und seiner Erkenntnis führen.

Die Entwicklung der Motorik beruht auf angeborenen Reflexmechanismen, die sich im Zusammenspiel mit den sensomotorischen Systemen fortschreitend infolge von Lernmöglichkeiten aufgliedern (differieren), anordnen (strukturieren) und gleichzeitig bündeln (zentralisieren) in Form der Abstimmung von Teilfunktionen. Wahrnehmen und Bewegen sind als *biologische Einheit* zu verstehen, denn Empfinden und Sich-bewegen stehen nach der *Gestaltkreistheorie von Weizsäckers* (1950) in einem untrennbaren Zusammenhang.

Die motorische Entwicklung bezieht sich auf die lebensalterbezogenen Abläufe der Steuerungs- und Funktionsprozesse bei Haltung und Bewegung. Letztere stellen dabei gekoppelte Systeme dar. Allerdings ist die statische Haltungskontrolle, sowohl muskulär als auch gleichgewichtsbedingt, stets Voraussetzung für die komplexeren dynamischen Bewegungen. Auf die Muskel- und Bewegungsempfindung bezogen – kinästhetisch betrachtet –, laufen drei Phasen ab: die Entwicklung des Körperschemas (Bewusstheit für den eigenen Körper, die Körpergrenzen, Körperteile und Bewegungsmöglichkeiten), des Gleichgewichts (Lage- und Bewegungsgefühl, Halte- und Stellreflexe) und die Lage-Raum-Orientierung. Die Bewegungsempfindungen entwickeln sich langsam; ab dem sechsten Monat sind erste Gleichgewichtsreaktionen nachweisbar.

Die motorische Entwicklung verläuft in verschiedenen Phasen *(neuro-, senso-, psychomotorische Phase)*, für die das Auftreten und Verschwinden verschiedener Reflexe und Bewegungsmuster sowie unterschiedliche Bewusstseinsebenen charakteristisch sind. Bleibt ein Reflex in einem Entwicklungsabschnitt zu lange bestehen oder tritt er gar nicht auf, deutet dies häufig auf Entwicklungsverzögerungen oder ein krankhaft verändertes Bewegungsverhalten hin. Die sensomotorischen Lernprozesse im ersten Lebensjahr sind als Anpassungsprozesse an die Umweltbedingungen zu verstehen, d. h. der Organismus adaptiert und modifiziert sich an Reizen nach dem *Prinzip der Homöostase*, d. h. die Körperfunktionen werden durch Regulation im Gleichgewicht gehalten. Die Anpassung erfolgt in Form der verbesserten Toleranz gegenüber dem Reiz (Gewöhnung), einer verbesserten Koordination oder eines erhöhten Leistungsvermögens.

Im Verlauf der motorischen Entwicklung erwirbt der Säugling Bewegungsfertigkeiten, die sich aus dem Üben, Lernen und Variieren von Bewegungsmustern und -wahrnehmungen, der Verknüpfung von Einzelbewegungen und nichtmotorischen Funktionen (Raumorientierung, Bewegungsvorstellung, logischen Kombinationen, Entscheidungen) sowie anderen geistigen Verarbeitungsprozessen durch Angleichung *(Akkommodation)* und Anpassung *(Assimilation)* (vgl. Piaget, 1996[4]) ergeben. Die Bewegungsleistungen entwickeln sich demnach nicht aus den primären Bewegungsfähigkeiten (wie z. B. Schnelligkeit, Kraft), sondern werden als Bewegungsstrukturen erlernt, die sich allmählich zu variablen, leistungsstarken Steuerungskomplexen ausbauen, indem die Informationsaufnahme, -verarbeitung und -ausgabe zunehmend leistungsfähiger wird.

Im ersten Lebensjahr verläuft die motorische Entwicklung des Säuglings grob in zwei grundlegenden Abschnitten: Der *Liegephase* im ungefähren Zeitraum der ersten sechs Monate, in welcher der Säugling vornehmlich passiv durch das Halten, Tragen und Transportieren mitbewegt wird, folgt die *Fortbewegungsphase*, in welcher der Säugling aktiv bestrebt ist, sich eigenständig fortzubewegen. Dieses Aktivsein wird deutlich im zweiten Lebenshalbjahr beobachtbar.

Die Entwicklung verläuft in zwei grundlegenden Richtungen: *cephalo-kaudal*, d .h. vom Kopf wirbelsäulenendwärts, deutlich zu erkennen z. B. an den Aufrichtungsbestrebungen des Säuglings, und *proximo-distal,* d. h. rumpf-fingerwärts-gerichtet von der körpernahen Bewegungskoordination zur körperentfernten Steuerungsfähigkeit von Bewegungen, wie z. B. Tasten, Greifen, Hantieren des Säuglings beim Umgang mit Gegenständen. Nach zunächst großen Armbewegungen aus dem Schultergelenk heraus, um einen Gegenstand zu ergreifen, können später die Finger einzeln bewegt werden, um einen Krümel vom Boden aufzunehmen.

Alle motorischen Aktionen des Säuglings an Land zielen darauf ab, die Haltung und Bewegung gegen die Schwerkraft auszubalancieren und zu kontrollieren. Diese Fähigkeiten entwickelt der Säugling kontinuierlich fort. In den ersten Lebensmonaten sind in der Bewegungsausführung des Säuglings noch starke Mitbewegungen der jeweils gegenüberliegenden Bewegungsseite (kontralaterale Mitbewegungen) und eine hohe Muskelanspannung (Hypertonie), z. B. in Form der Wisch- und Fuchtelbewegungen, erkennbar.

Im Liegekindalter (0-6 Monate) beginnt der Aufrichtvorgang des Körpers mit dem Kopfheben, wenn das Kind in die Bauchlage gelegt wird. In Rückenlage, werden die Hände betrachtet und mit ungefähr drei Monaten in den Mund gesteckt. Die Beine gelangen aus einer gebeugten Stellung in eine gestreckte. Mit zunehmenden Strampel- und Stützbewegungen der Beine und dem Seitwärtsdrehen des Kopfs versucht der Säugling, sich auf den Bauch zu drehen (~ 6 Monate). In Bauchlage entwickelt sich das Bauchkreiseln und über den Unterarm- und Hand-Becken-Stütz der Vierfüßlerstand (~ 8 Monate). Verlagert das Kind sein Gewicht seitlich, so gelangt es über den Seitsitz (~ 9 Monate) aus der horizontalen Position in die vertikale.

Es erprobt und lernt, sich im Krabbeln selbstständig fortzubewegen. Mithilfe von festen Gegenständen erreicht es schließlich den aufrechten Stand (~10 Monate). Unter sicherndem Festhalten, z. B. an Gegenständen, übt sich das Kind balancierend-schwankend, aufrecht fortzubewegen (~ 11 Monate) und versucht, sekundenlang frei zu stehen (~ 12 Monate). Mit rund 13 Monaten führt das Kind die ersten selbstständigen Schritte aus.

Die motorische Entwicklung des Kindes verläuft wie folgt
(vgl. Meinel & Schnabel, 1998[9], S. 240):

Altersspanne	Phase der ...	Beschreibung der Bewegung
0-3 Monate	ungerichteten Massebewegungen und unbedingten Reflexe der Lage und Bewegung	Liegekindalter (Rückenlage): Handgreifreflex, Labyrinthstellreflex (Versuch des Kopfanhebens), Schreit-, Steig-, Kriech-, Schwimmreflex, bis zum zweiten Monat starker Beugetonus, Strampeln der Beine, „Wischen" der Arme, Fixieren von Gegenständen, Entdecken der Hände.
4-12 Monate	Aneignung erster koordinierter Bewegungen	Bis sechs Monate: Liegekindalter (Rückenlage): gezieltes Greifen, Stützen auf die Unterarme und Hände, Klopfen der Hände, Gleichgewichtsverlagerungen. Ab sieben Monate: Beginn des Fortbewegens in der horizontalen Position (Bauchlage): Kreiseln, Vierfüßlerstellung, Robben, Krabbeln, Aufrichten in den Sitz, Entlanggehen/Schieben an/von Gegenständen, Pinzettengriff, Zangengriff, Gegenstände gegeneinander schlagen und fallen lassen.

Zentrales Nervensystem (ZNS) und Muskeltonus

Beim reifgeborenen Kind sind der Hirnstamm (Truncus encephali), die untere Hirnrinde (Subkortex) und die darin liegenden Kerne (Stammganglien) bereits strukturell ausdifferenziert und funktionsreif. Die Hirnrinde (Kortex) und das Kleinhirn (Cerebellum) entwickeln ihre vollständige Funktionsreife erst durch Vermehrung der Nervenzellen und von deren Fortsätzen (Dendriten), die sich besonders stark in den ersten zwei Lebensjahren ausbilden. Die Bewegungen des Säuglings werden zu Beginn vom Stammhirn, später von der Hirnrinde gesteuert (vgl. Lietz, 1993, S. 16; Michaelis & Niemann, 1999, S. 19ff.).

Der Muskeltonus entwickelt sich entsprechend dem Reifeprozess der nervalen Strukturen. In den ersten zwei Monaten liegt beim reifgeborenen Kind eine leicht gesteigerte Muskelspannung (hypertone Tonusphase), die sog. *Säuglingssteifigkeit* (Säuglingsrigidität), vor; die Aktivität der beugenden Muskulatur (Flexorenaktivität) ist größer als die der streckenden (Extensorenaktivität). Die Bewegungen erfolgen rasch wechselnd, teils mit hoher Muskelspannung, teils ausgiebig und intensiv und prompt auf alle Reize reagierend. Die Beine strampeln wechselseitig, die Arme bewegen sich wischend. Die angeborenen Reflexe der Lage und Bewegung werden ohne die vom Großhirn ausgehende Hemmung subkortikal gesteuert. Mit Ende des zweiten Monats entwickelt sich verstärkt die Muskelspannung der Strecker (Extensorentonus). Der Höhepunkt dieser Strecktendenz liegt zwischen dem fünften und dem siebten Lebensmonat. Die Funktionen der Kleinhirn- und Großhirnhälften reifen zunehmend, die Bewegungen werden abgestimmt und die Muskelspannung normalisiert sich.

Aufrichten des Körpers

Das Aufrichten des Säuglings aus der Horizontalen gegen die Schwerkraft ist ein Prozess, der sowohl muskelkraft- und körpergewichtsabhängig als auch steuerungs- und motivationsbedingt abläuft. Im Uterus unterlag die Wirbelsäule des Kindes einer Dauerdehnspannung, der sog. *Totalkyphose*. Sie ist auch nach der Geburt noch stark gerundet. Zunächst hat das Kind in Bauchlage das Bestreben sich aufzurichten und beginnt, den Kopf zu heben (Halswirbelaufrichtung, -lordosierung).

Dabei entwickelt es Rückenkraft. Der Vorgang setzt sich – immer noch in der Bauchlage – über das Aufrichten des Schulter- und Beckengürtels (Brustwirbelaufrichtung, -kyphosierung) fort. Mit dem Aufrichten in die Standposition und dem zunehmenden Laufen kippt das Becken nach vorn und richtet sich auf (Lendenwirbelaufrichtung, -lordosierung). Mit der Fußbelastung im freien Stand und beim Laufen richtet sich das Fußgewölbe auf. Begleitend zur Aufrichtbewegung wird die Gleichgewichtsfähigkeit entwickelt und geübt. Über sie wird das freie Sitzen und Laufen kontrolliert und gesteuert. Das Gleichgewichtsorgan im Innenohr (Vestibularapparat) analysiert die Stellung des Körpers im Raum. Der Körper wird durch die Veränderung von Bewegungsrhythmen gereizt, welche die tonischen und vegetativen Reflexe – d. h. die Muskelspannung und das ZNS – beeinflussen.

Intelligenzentwicklung

Die erste Phase der Intelligenzentwicklung bis zum 18. Lebensmonat wird als Phase der *sensomotorischen Intelligenz* bezeichnet. Diese neuro- und sensomotorische Entwicklungsphase ist durch eine unvollständige eigenständige zweifüßige Fortbewegung[13], eine stark orale Phase und den Erwerb *praktischer Intelligenz* gekennzeichnet. Die Intelligenzakte beruhen auf dem Zusammenwirken von Empfinden, Wahrnehmen und Bewegung und vollziehen sich ohne konkrete Vorstellung und Reflexion beim Kind. Das Denken, Bewegen und Handeln verläuft in einem sechsstufigen Lernprozess.

Zunächst werden die angeborenen Reflexmechanismen geübt. Dann treten im zweiten Lebensmonat einfache Gewohnheiten, z. B. in Form des Saugens an den Fingern, auf *(primäre Kreisreaktionen)*. Zwischen dem dritten und neunten Monat entwickelt der Säugling erste angepasste Bewegungen, welche aktiv wiederholt werden und in die Gegenstände einbezogen werden *(sekundäre Kreisreaktionen)*. Vom 8.-12. Lebensmonat handelt der Säugling bereits koordiniert, zielgerichtet und mit Absichten, woraus die ersten Zweck-Mittel- und Wenn-dann-Verknüpfungen sowie das Entdecken des Ursache-Wirkungs-Zusammenhangs erkennbar werden.

Nachdem das Kind in der Phase des aktiven Experimentierens *(tertiäre Kreisreaktion)* seine Handlungsschemata erweitert hat, bedarf es im Alter von 18-20 Monaten dann nicht mehr vielfacher praktischer Lösungsversuche, weil es sich Lösungen bereits vorstellen kann. Es setzt seine sensomotorische Intelligenz ein (vgl. Piaget, 1996[4]).

Reflexe und Bewegungsverhalten

Sind dem Kind Primitivreflexe und einfachste Haltungs- und Bewegungsmuster bereits angeboren, so werden diese im Verlauf des ersten Lebensjahres zunehmend durch kompliziertere, verknüpfte Haltungsmuster und Bewegungsabläufe abgelöst. Das Kind entwickelt im ersten Lebensjahr seine Bewegungen in einem Prozess von fortschreitender Differenzierung, Zentralisierung und Steuerungskombinatorik. Die sensomotorischen Reize werden unter der Kontrolle mehrerer Sinnesorgane kombiniert, z. B. unter Blickbeobachtung und durch Empfindungen der Oberflächen- und Tiefensensibilität. Die Bewegungen werden entsprechend den individuellen Anlagen und mit zunehmender Selbst- und Umfelderfahrung komplexer. Die Sicherheit im Bewegungsablauf wird dadurch erreicht, dass sensomotorische Informationen zum Gleichgewichtsempfinden, zur Reak-

13 Das durchschnittliche Lauflernalter in Deutschland beträgt etwa 13 Monate.

tionsfähigkeit und zur situativen Anpassungsfähigkeit optimal aufeinander abgestimmt werden. Die *Motorik* entfaltet sich über die Sinneserfahrung (visuelles, akustisches und taktiles Bewusstsein), die Körpererfahrung (strukturelles Vorstellungsvermögen von Rumpf, Kopf, Extremitäten), die Größenerfahrung (grobmotorische Koordination) und die Kleinraumerfahrung (feinmotorische Koordination).

In den ersten drei Monaten (1. Trimenon) werden Haltungs-, Bewegungs- und Gleichgewichtsreaktionen im Wesentlichen örtlich und von Rezeptoren des Gleichgewichtsorgans im Innenohr sowie den Empfindungsorganen der Nackenmuskulatur ausgelöst, indem die Kopfstellung zum Körper oder der Körper als Ganzes im Raum verändert werden. Allgemeine statische Reaktionen sind die tonischen Nacken- und Labyrinthreflexe und die verknüpften Reaktionen. Durch örtliche Körperberührung werden die zergliederten statischen Reaktionen (gekreuzter Streckreflex, Hand- und Fußgreifreflex, Flucht-, Glabellareflex und Galant-Reflex) und die Stützreaktionen der Beine ausgelöst. Die Stellreaktionen werden durch schnelle Lageveränderung oder geführte Bewegungen erreicht; sie dienen der Haltungsorientierung. Im Einzelnen sind dies die Labyrinth-, Nacken- und Körperstellreflexe, die Umklammerungs- (Moro-) und Seitlagereaktion, die Sprungbereitschaft und die Streck-Beuge-Reaktion (Landau-Reaktion). Die Halte- und Stell- sowie Gleichgewichtsreaktionen sichern die richtige Körperstellung bei veränderter Körperlage und bewirken die Ausgleichs- und Mitbewegungen, um die Körperbalance aufrechtzuerhalten. Sie bilden sich zunächst in der Bauchlage und vervollkommnen sich später beim Sitzen und Stehen.

Im Kind läuft bis zum dritten Monat eine unwillkürliche Strampelmotorik ab, welche sich in einem unkoordinierten Bewegungsüberfluss offenbart. Säuglinge zeigen, in der Bauchlage im Wasser liegend, bis zum fünften Monat kräftige, rhythmisch alternierende Beinbewegungen. Die Arme sind im Allgemeinen inaktiver; sie weisen wischende Bewegungen in der Seithalte auf. Die vermehrte Beinaktivität bei Säuglingen ist mit dem Gesetz der Kopf-fußwärts-gerichteten *(cephalo-kaudalen)* Entwicklung zu erklären: Die Reflexbewegungen werden in den ersten fünf Monaten vom Kopf fußwärts in ihrer willkürlichen Bewegungsaktivität gehemmt (Inhibition), d. h., die Beine sind länger als die Arme reflexgesteuert aktiv. Der Rumpf knickt seitlich in Richtung des gebeugten Beins ab (Amphibienbewegung).

Vom vierten Monat an bis zum Ende des ersten Lebensjahres eignet sich das Kind die ersten *koordinierten Bewegungen* an. Geordnete Bewegungen vollziehen sich erst in der Mundregion und den Augen, dann am Kopf als Ganzem, den Armen, Händen und Fingern *(proximo-distale Entwicklungsrichtung)*. Die Entwicklung schreitet dann fußwärts fort *(cephalo-kaudale Entwicklungsrichtung)*. Der Koordinationsfluss wird also beim Kopfdrehen, Körperdrehen, Stützen, Greifen, Kriechen und dem kreuzkoordinierten Krabbeln umgesetzt und verläuft in den Folgemonaten bis zum Ende des ersten Lebensjahres immer differenzierter und gezielter. Die der Willkür des Kindes entspringenden Bewegungsabläufe (Willkürmotorik) werden eigenständig erworben und geübt. Diese werden bewusst gesteuert.

2.2 Sinnesorgane und Wahrnehmung: von der Reizaufnahme zur Sinnesintegration

„Jeder Bewegung geht eine Wahrnehmung voraus. Bevor der Mensch lernt, sich zu bewegen, muß er spüren können."

(Zinke-Wolter, 1994, S. 50)

Die Umwelt liefert dem Kind Sinnesreize, die vom Nervensystem wie Nahrung bzw. Futter aufgenommen werden und in Anpassungsreaktionen verarbeitet werden, um Körper und Geist zu entwickeln. So lernt das Kind in den ersten Lebensjahren, seine Aufmerksamkeit zu richten, seine Bewegungen zielgerichtet auszuführen und seine Gefühle zu beherrschen (vgl. Ayres, 1992[2], S. 16ff.).

Die Sinnesentwicklung im ersten Lebensjahr lässt sich wie folgt zusammenfassen:

- *Sehen:* Das Auge ist beim Säugling das am schwächsten ausgebildete Sinnesorgan. Die Sehschärfe eines Neugeborenen ist gering. Mit einem Jahr beträgt sie ungefähr 35 % gegenüber einem Erwachsenen, mit zwei Jahren 50 % und mit vier Jahren hat sie 75 % der Sehschärfe eines Erwachsenen erreicht. Mit sechs Jahren ist die Sehschärfe vollständig entwickelt. Die optimale Entfernung zum Betrachten eines Gegenstands liegt bei 20-30 cm. Zielgerichtetes Greifen setzt das Fixieren eines Gegenstands und die Hand-Auge-Koordination voraus. Während Säuglinge anfangs lediglich Kontraste erkennen, können visuelle und sprachliche Farbunterscheidungen mit drei Jahren deutlich festgestellt werden. Das Kind kann mit vier Jahren räumlich sehen, beschreiben sowie kurze Entfernungen abschätzen.
- *Hören:* Die Reaktion auf akustische Reize ist von Anfang an gut. Besonders angenehm empfindet es der Säugling, auf der Herzseite der Mutter zu liegen und ihren Herzschlag zu hören, der ihm von seiner in der Gebärmutter liegenden Lebensphase so vertraut ist. Das Kind lernt im ersten Lebensjahr, stimmliche Gefühlslagen zu unterscheiden. Durch akustische Lern- und Rhythmuserfahrungen wird das Sprachvermögen entwickelt. Das Kind erzeugt gerne Geräusche.
- *Tasten:* Die taktilen Reaktionen der Haut auf Wärme, Kälte, Druck, Schmerz und Berührung sind vom Lebensbeginn an empfindsam ausgebildet. Der Tastsinn dominiert in den ersten beiden Lebensjahren. Dabei sind nicht nur die Hände, sondern vielmehr auch der Mund die wichtigsten Tastorgane.
- *Riechen/Schmecken:* Der Geruchssinn ist beim Säugling von Beginn an sensibel und auch der Geschmackssinn ist gut ausgeprägt.
- *Gleichgewichtssinn:* Die vestibuläre Wahrnehmung, das Erspüren von Bewegung, Beschleunigung und Lageveränderung, wird durch die Bogengänge des Innenohrs geleistet und schon in der Gebärmutter liegend vom Säugling vorgenommen. Nach der Entbindung möchte er weiterhin mit bewegt werden und beruhigt sich daher am besten, wenn er die schaukelnden, wiegenden und hüpfenden Bewegungen spürt. Erste Gleichgewichtsreaktionen in Form von Kopfstellreaktionen und Stützbewegungen sind allgemein ab dem sechsten Monat beobachtbar.
- *Bewegungsempfindung:* Die kinästhetische Wahrnehmung, die eng mit der vestibulären Wahrnehmung verknüpft ist, nimmt durch Eigenfühler in Muskeln, Sehnen und Kapseln Druckempfindungen und Dehnungsreize auf. Der Säugling reagiert darauf mit Bewegungen, die sich erst im Laufe des ersten Lebensjahres zunehmend ausdifferenzieren und von reflexgeleiteten zur willkürlichen entwickeln.

Von der Zeit der sechsten Lebenswoche bis zum sechsten Lebensmonat, in der *kritischen* Phase, in der sich die kindliche Wahrnehmung besonders stark entwickelt, wird die Mutter-Kind-Beziehung nachhaltig geprägt, weil sich das Bewusstsein des Säuglings in einem intensiven Übungszustand befindet. Der Säugling reagiert insbesondere auf körpersprachliche Signale und Reize (besonders diejenigen der Lageveränderung und damit der Reizung der Tiefensensibilität) in Form der egozentrischen[14] Kommunikation. Die vom Kind in den ersten Lebensmonaten wahrgenommenen und empfangenen Zeichen und Signale betreffen vor allem Gleichgewicht, Spannung der Muskulatur, Körperhaltung, Temperatur, Vibration, Haut- und Körperkontakt, Rhythmus, Tempo, Tonhöhe, Klangfarbe, Resonanz und Schall.

Das *Wahrnehmen* entwickelt sich, indem die Sinnesorgane reifen und die aufgenommenen Reize hirnphysiologisch und intellektuell eingeordnet und verarbeitet werden (sensomotorische Integration). Dieser Prozess des Wahrnehmens und Begreifens beginnt bereits im dritten Schwangerschaftsmonat mit den ersten Berührungsempfindungen und dauert – bis zur vollständigen Wahrnehmungsentwicklung und -integration – ungefähr acht Jahre an. Er bildet die Grundlage für die gesamte Entwicklung des Kindes hinsichtlich seiner intellektuellen, sozialen und Persönlichkeitsstrukturen.

14 ichbezogene Weltauffassung, bei der der Säugling sich selbst in den Mittelpunkt stellt.

In den ersten beiden Monaten währt die Aufmerksamkeit des Säuglings nur kurzfristig; er kann die Fülle an Reizen noch nicht bewältigen. Ab dem dritten Monat beginnt er, einzelne Sinnesgebiete zu verknüpfen. Das Kind erweitert erst nach und nach seine Fähigkeiten, mit den Sinnen wahrzunehmen. Es nimmt zunächst über die Nahsinne seine Umwelt auf. Zu den Nahsinnen gehören die Hautsensibilität, das Körper- und Bewegungsgefühl, das Gleichgewicht und der Geschmack. Bei Säuglingen ist die Anregung der Nahsinne auf Grund der entwicklungsbedingten Sinnesentfaltung am wichtigsten, da das Gehirn ektodermalen[15] Ursprungs ist. Das erklärt die zunächst vorrangige Bedeutung der Nahsinne für den Säugling. Die Reize auf das Gleichgewichtsorgan werden als bedeutsam eingestuft, weil sie in der biologischen Entwicklung des Menschen zu seinen frühesten Empfindungen gehören. Dem Berühren der Haut kommt eine besondere Bedeutung zu: Taktile Wahrnehmung trägt der kognitiven Hirnfunktion grundlegende qualitative Informationen über die Muskelspannung, die Orientierung im Raum und die aufrechte Position zu. Deshalb begünstigt das Nacktsein den Säugling in der Aufnahme von Bewegungsinformationen.

Mit zunehmendem Lebensalter während der ersten sechs Lebensjahre überlagern die Fernsinne wie Sehen, Hören und Geruch als bevorzugte Wahrnehmung die Nahsinne.

2.3 Beziehungsverhalten: von der Mutter-Kind-Symbiose zur Eigenständigkeit

Zwischen der Mutter und dem Kind knüpft sich – besonders in der Zeit des Stillens – ein starkes, gefühlsbetontes Band, das beide zu einem gewissen Grad gegenüber Dritten isoliert, weshalb ihre Beziehung auch als Egoismus zu zweit bezeichnet wird.

In dieser subtilen Phase bilden sich auch das Urvertrauen, Antrieb und Hoffnung aus. Die Mutter wird vom Säugling als so genannte secure base benutzt. Sie verschafft ihm mit ihrer sicht- und hörbaren Gegenwart den notwendigen Rückhalt, um die Welt erforschen zu wollen.

Mit steigendem Umweltinteresse und Ausdrucksvermögen des Säuglings beeinflussen die Eltern heranreifenden motorischen, perzeptiven und stimmlichen Fähigkeiten und Fertigkeiten ihres Kindes, indem sie unzureichend gesteuerte motorische Aktivitäten des

15 von außen über die Haut stattfindende Versorgung mit Nervenreizen.

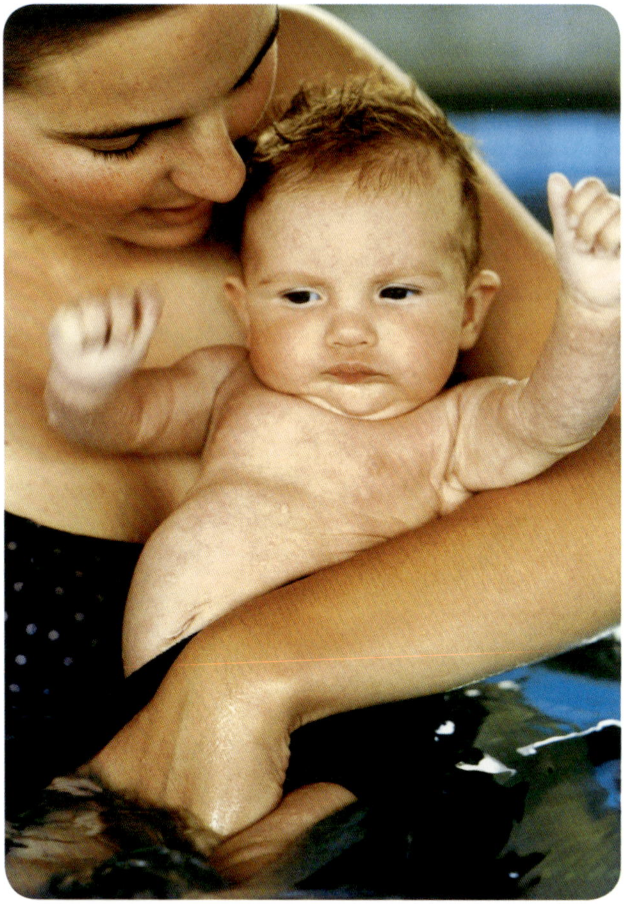

Säuglings ausgleichen, ihn für erreichte Fertigkeiten belohnen oder seine Handlungen nachahmen oder vormachen. Dieses Unterstützen und Fördern bahnt weitere Entwicklungsschritte an.

Körperliche Nähe bedeutet dem Kind Nahrung für sein Wohlbefinden. Wird die Mutter-Kind-Interaktion gestört, erleidet das Kind Entwicklungseinbrüche, vor allem im kognitiven und im sozial-emotionalen Bereich. Der Säugling verlangt nach emotionaler Sicherheit und symbiotischem[16] Schutzraum und hat auch ein Bedürfnis, zu kommunizieren und mit allen Sinnen wahrzunehmen. Um diese Bedürfnisse zu verwirklichen, ist der Säugling auf die Vermittlung durch eine oder mehrere Personen angewiesen. Die vervollkommnenden und kommunikativen Fähigkeiten der Bezugspersonen beeinflussen die Entwicklung des Säuglings in seinen Anpassungs-, Lern- und Einübungsprozessen, ohne dass sich die Eltern dessen stets bewusst sind.

Zu den typischen Formen des elterlichen Anpassens an die kindlichen Bedürfnisse zählen das Teilhaben, Ausgleichen, Motivieren, Belohnen, Nachahmen und Vorbild-geben.

Diese Verhaltensregulation steht auch beim Erarbeiten von wirksamen Beruhigungspraktiken der frühen Eltern-Kind-Interaktion im Vordergrund. Nach der Entbindung besteht für den Säugling zunächst eine sehr reizarme Entwicklungszeit. Einige seiner Bewegungen sind noch unwillkürlich und reflexbedingt. Die kurzen Wachzeiten und

16 im Zusammenleben sich gegenseitig nützend.

die energiezehrenden körperlichen Umstellungsprozesse lassen ihn schnell ermüden. Deshalb stellen Trage- und Schaukelbewegungen der Bezugsperson für das Kind eine willkommene vestibuläre und taktile körperliche Anregung dar.

Die Eltern erkennen vielfach die kaum sichtbaren Schlüsselsignale im kindlichen Verhalten und beantworten diese quasi zufällig visuell, stimmlich, mimisch oder motorisch und stoßen damit das selbstständige, absichtsvolle Verhalten des Kindes und dessen Selbstwahrnehmung an. Um sich bei der Begegnung mit einer neuen, fremden Situation rückzuversichern, sucht es die Deckung der Mutter, um sich an ihren Signalen (Mimik, Sprache) zu orientieren. Diese wiederum vermittelt ihre eigenen unbewussten Einstellungen und Ansichten gegenüber der Umwelt. Ihr Verhalten hat Folgen, weil der Säugling sich sein durch sie vermitteltes begriffliches Weltbild aufbaut. An Untersuchungen zum kindlichen Erkundungsverhalten gegenüber einem neutralen, unbekannten Objekt konnte nachgewiesen werden, dass der positive bzw. negative (Gesichts-)Ausdruck der Mutter ansteckend wirkt. Ein ängstlicher Ausdruck zeigte nachhaltigere Wirkungen als der Ausdruck der Freude (vgl. Papousek & Papousek, 1990, S. 526).

Im zweiten Lebenshalbjahr bindet sich das Kind an seinen hauptsächlichen Schirmer, zumeist die Mutter *(specific attachment)*. Für eine ungebrochene Mutter-Kind-Bindung ist entscheidend, wie die Mutter von Anbeginn an auf die Bedürfnisse des Säuglings reagiert und mit welcher Intensität sie mit ihm sozialen Kontakt pflegt.

Mutter und Kind bilden eine *Reiz-Reaktions-Einheit*, die sich wechselseitig beeinflusst. Die formenden Einflüsse der Mutter sind auf den rege und munter reagierenden und sich entwickelnden Säugling gerichtet, d. h. eine Wechselbeziehung, ein Austausch entsteht. Das Hinstreben des Säuglings zur Bezugsperson ist augenscheinlich. Erfolgsspezifisches Verhalten wird wiederholt (trial and error) und durch Belohnung und Strafe (reward and punishment) verstärkt.

Von der Mutter zum Kind besteht einerseits ein Gefälle, andererseits übt der Säugling wiederum auf die Mutter eine derartige Anziehungskraft aus, die sie unausweichlich in seinen Bann zieht. Das eigene Gefühlsleben der Mutter wird dabei derartig berührt, dass sie sich vor dem Hintergrund ihrer Vergangenheit auf die Reaktionen des Säuglings einlässt bzw. sich „(...) gegen alle Varianten der Verführung wehren muß, die ihr der Säugling anbietet" (Spitz, 1967, S. 143). Psychoanalytisch betrachtet ist sie Beobachterin seiner *unschuldigen* Aktivitäten, sie erlebt und duldet die kindlichen Verhaltensweisen und durchlebt dabei ihre eigenen Kindheitserinnerungen, -fantasien und -kämpfe. Der Mutter angenehme Handlungen werden von ihr gefördert, gegenteilige unterbunden.

Die *unbewussten* Handlungen der Mutter verschaffen ihr große Erleichterung. Sie haben die Wirkung von befreiender, ermutigender, vorwärts drängender Kraft. Sie sind an ihrem Ichideal ausgerichtet, während die *bewussten* Forderungen eine enge Verwandtschaft zu ihrem Überich besitzen. Die Einfühlungsgabe der Mutter richtet sich daran aus, wie sie ihre bewussten und unbewussten Wünsche wahrnimmt.

Bei der körpersprachlichen, frühen körperlichen Mutter-Kind-Interaktion sind der *tonische* Dialog und die *tonische* Empathie ganz wesentliche Merkmale, d. h. durch Körperhaltung, Muskelspannung, Gleichgewichtslage, Temperatur, Vibration, Haut- und Körperkontakt und Rhythmus werden neben Stimme und Klang wichtige Signale ausgetauscht.

Der Säugling entwickelt sich im ersten Lebensjahr aus dem passiven Zustand des Bewegtwerdens hin zum Sich-selbst-Bewegen. Das Bewegtwerden durch die Bezugsperson stellt die primäre Bewegungserfahrung für das Kind dar. Durch die Mitbewegungen übt das Kind, ohne selbst aktiv zu werden, sich im Raum zu orientieren und verschiedene Bewegungen voneinander zu unterscheiden. Die damit verbundene räumliche Entfernung bedeutet gleichzeitig ein Sichentfernen von der Mutter. Diese Verselbstständigung des Kindes wird vor allem von Müttern aus Sorge vor Abwendung des Kindes (Entwachsen des Schoßes) oft gehemmt; sie trauen dem Kind wenig zu. Und dieses wichtige erkundende Bewegungsstreben tritt vermehrt im späteren Alter auf, wenn sich der Säugling bereits eigenständig fortbewegen kann und beispielsweise Kletterversuche anstellen möchte. Beim Säuglingsschwimmen agieren Mütter – nach Anregung zur Bewegung –, indem einige sich selbst sehr stark, andere sich kaum oder wieder andere ihren Säugling sehr intensiv bewegen. Auch verlangen einige ihrem Säugling gar keine Bewegung ab, sondern scheinen ihm nur nahe sein, ihn beschützen zu wollen.

Die körperlichen Gewohnheiten von Frauen in hoch zivilisierten Ländern sind durch die Art ihrer Kleidung, durch ihre alltägliche „Bewegungseinkettung", durch die mitunter stark von außen geprägten körperlichen Idealvorstellungen sowie die kulturellen Vorgaben eher körperentfremdend oder körperdistanzierend einzuschätzen. Dazu an dieser Stelle eine kritische Anmerkung: In traditionellen Kulturen in Afrika, Asien und Südamerika gehört das tägliche Massieren und Transportieren des Säuglings bei jeder Arbeitsverrichtung auf der nackten Haut am Körper der Mutter zur täglichen Routine (vgl. Liedloff, 1999[2]). Der Säugling wird ständig mitbewegt und damit körperlich stimuliert.

In Studien mit afrikanischen Kindern wurde nachgewiesen, dass diese Säuglinge weiter entwickelt sind als europäische. Nahe liegt, dass deren schnellere Entwicklung durch die engere Beziehung zwischen Mutter und Kind mitbedingt ist. Afrikanische Mütter tragen ihre Säuglinge stets mit sich und stillen sie zum Beispiel, wenn sie anfangen zu weinen. Dieses enge Zusammenwirken zeigt zum einen, dass das Verhalten des Kindes zwar durch Lernen im Sinne von Training verändert werden kann, zum anderen aber auch dass kindliche Entwicklung vorrangig vom Klima des Vertrauens und Zutrauens zwischen Mutter und Kind abhängt.

Noch ein weiterer kleiner Exkurs: An Affen wurde beobachtet, dass im Pflegeverhalten der Muttertiere große Variationen auftreten. Dabei wurde festgestellt, dass das Temperament des Muttertiers Einfluss auf die Bewegungen des Jungtiers hat: Eine nervöse, leicht zu irritierende Mutter kann häufig ihr Kind mit raschen und für dieses nicht vorherzusehenden Bewegungen erschrecken.

Auch das Maß der Erfahrung beeinflusst den mütterlichen Umgang mit dem Kind; die Unterschiede wurden bei erst- und mehrfachgebärenden Müttern nachgewiesen. Die Letzteren gehen mit ihren Kindern deutlich ruhiger und sicherer um. Nachgewiesen ist, dass eine ausgewogene mütterliche Anregung in größerem Maße auf die Entwicklung des Säuglings einwirkt als die Reichhaltigkeit der physischen Umwelt oder die Anzahl der Spielmaterialien.

Die Mutter-Kind-Interaktion kann auch gestört werden. Besonders gefährdet ist die Eltern-Kind-Kommunikation, wenn sich Entwicklungsschwierigkeiten ergeben, z. B. beim *schwierigen* Säugling oder *Schreibaby,* beim entwicklungsverzögerten oder von Behinderung bedrohten Säugling. Das Verhalten dieser Säuglinge ist häufig schwieriger zu entschlüsseln und durch vermehrt negative Gefühlsäußerungen gekennzeichnet: Sie vermeiden soziale Kontakte, sind leichter zu verunsichern und häufig unberechenbar, schreien vermehrt und sind schwierig zu beruhigen. Als Folge entgleist die intuitive Kommunikation und ein Zustand elterlichen Versagens mit Ohnmachts- und Schuldgefühlen stellt sich ein, welches Niedergeschlagenheit auslösen kann, weil das Kind innerlich nicht akzeptiert wird. Kennzeichen dafür sind z. B. eine verminderte Antwortbereitschaft (Responsivität), vermehrtes Lenken und Beharren auf Vorschriften (Dirigismus) sowie Vermeiden von spielerischen Zwiegesprächen. Und als Ersatz kann sich bei den Eltern auf der Verstandesebene ein gesteuertes, leistungsorientiertes Training von Einzelfähigkeiten einstellen, das wiederum sozial aufgeschlossenes Verhalten behindert.

Die sichere Mutter-Kind-Bindung mit freier, unverkrampfter Kindesentwicklung kann des Weiteren durch eine Vielzahl möglicher Belastungen gefährdet sein, welche hier nur stichwortartig genannt werden: Eltern können durch eigene psychische Erkrankungen, ungelöste psychosoziale Konflikte, ungünstige Kindheitserfahrungen, tatsächliche und neurotische Ängste um das Überleben des Kindes, frühe Trennungen infolge von Frühgeburt, vorzeitiger Ablehnung des Kindes, schwerer Erschöpfungszustände, übertriebener *Kopflastigkeit* und Leistungsorientierung oder Verunsicherung den Umgang mit dem Säugling beeinträchtigen. Dabei können die Eltern derartig von den eigenen Problemen beherrscht sein, dass ihre intuitive Verhaltensbereitschaft gehemmt wird. Dies wird spürbar, indem sie die spielerischen Kontakte mit dem Kind vermeiden, seine Signale überhören und seine Bedürfnisse vernachlässigen oder dazu neigen, es übermäßig zu stimulieren.

Der gemeinsame Aufenthalt im Wasser ermöglicht den Eltern intensive körperliche Kommunikation mit ihrem Kind über die Haut. Berührung drückt Zuneigung aus. Die herkömmliche Interaktion zwischen Mutter und Kind, welche über die blickbezogene so genannte *Protokommunikation* durch die mütterliche Mimik und Sprechmelodie übermittelt wird (vgl. Karch, 1994, S. 136f.), wird im Wasser die ganzkörperliche Kommunikation erweitert. Sie erfordert im Wasser weitaus größere Sensitivität von den Eltern als im Alltag, weil das Vertrauen und die Stimmung des Kindes von deren Halten und Sichern abhängen.

Viele Interaktionsmuster und -formen laufen bei den Müttern unbewusst, sozusagen instinktiv oder spontan, und scheinbar ungeplant ab. Dem stehen geplante, beabsichtigte Interaktionen gegenüber, wie z. B. die Teilnahme an einem Schwimmkurs oder als Gewohnheit erscheinende Spiel- und Umgangsformen, bei denen die Erwachsenen die Bewegungsentwicklung des Säuglings bewusst steuern. Der Unterricht ‚Säuglingsschwimmen' verläuft als gemeinschaftliches und kommunikatives Geschehen, bei dem sich in ungezwungener Atmosphäre alle Teilnehmer wohl fühlen sollen. Der kindlichen, elterlichen und interaktiven Körpersprache *(body language)* wird hier besondere Aufmerksamkeit geschenkt, bedingt durch die (Fast-)Nacktheit der Körper, die elterliche Hilfestellung, den Säugling beim Schwimmen zu sichern, und das körpernahe und häufig nicht vertraute Medium Wasser. Durch am Körper ablesbare Verhaltensunsicherheiten entstehen neue, interessante Interaktionsmöglichkeiten zwischen den Eltern und dem Säugling.

2.4 Spielverhalten: vom entdeckenden Spiel zum Lernen

Geht man zunächst der allgemeinen Frage nach, warum Kinder spielen, so können schnell viele und unterschiedliche Gründe dafür angeführt werden:

Kinder spielen, um ...

- sich zu vergnügen.
- ihren Interessen und Neigungen nachzugehen.
- ihre Aggressionen und Interessen auszudrücken.
- ihre Angst zu bewältigen.
- materiale und persönliche Erfahrungen zu sammeln sowie
- soziale Kontakte und Kommunikation zu entwickeln.

Bereits im Mutterleib nahm der Fetus seine Finger in den Mund. Dieser orale Erkundungsdrang, um Form, Größe und Oberfläche der Gegenstände zu erfassen, ist noch im ersten Lebensjahr besonders ausgeprägt.

Der Säugling beginnt – wie entwicklungspsychologisch beschrieben wird – zunächst mit dem eigenen Körper zu spielen. Auf Grund der eingeschränkten Fähigkeiten, Bewegungen zielgerichtet auszuführen, werden Bewegungen des Kopfs, der Gliedmaßen und der Zunge als erste Regungen wiederholt. Wendet sich die Bezugsperson dem Säugling zu, macht sie vor und/oder ahmt nach, so kann sich dieses Verhalten verstärken und zu einem interaktiven Spiel entwickeln. In den ersten sechs Monaten entdeckt der Säugling seine Hände, seinen Bauch, seine Beine und Füße und führt diese zum Mund oder schlägt sie auf die Unterlage. Er interessiert sich für Gesichter und möchte sie ertasten. Das zielgerichtete Greifen und Loslassen wird anfangs noch durch den Handgreifreflex verhindert. Dieser Reflex verschwindet im Verlauf des ersten Lebensjahres. In diesem Alter bieten sich für den Säugling vermehrt körperbetonte Spielformen an: Schaukel- und Wiegespiele, Massage/Berührungsspiele, Gymnastik mit Arm- und Beinführungen, Musik- und Klangspiele, Spiele mit der Mimik.

Indem der Säugling den eigenen Körper, insbesondere die Füße, betastet, entwickelt sich zunehmend das Greifen der Hände als Voraussetzung, sich mit Gegenständen auseinander zu setzen. Mit etwa sechs Monaten interessiert sich der Säugling zunehmend dafür, die Gegenstände manuell zu untersuchen, wie zum Beispiel greifen, schlagen und werfen. Diese kindliche Spielform wird als *Funktionsspiel* bezeichnet. Sie beginnt ab dem sechsten Lebensmonat und nimmt bis zum Alter von 2-2,5 Jahren ab. Kennzeichnend für diese erste Spielphase des Kindes ist das ungezielte Spielen mit sowohl unkontrollierten als auch impulsiven sowie geordneten Bewegungen. Das Kind liebt wiederholende Tätigkeiten und lebt im Spiel seine hohe Funktionslust und Freude an der Eigenaktivität aus. Ab dem siebten Monat beginnt der Säugling, Gegenstände genauer zu betrachten und zu untersuchen. Nun sind Säuglinge für Kitzel-, Trommel-, Rassel-, Klatsch-, Flieger- und Fallspiele sowie Gießkannenspiele zu begeistern.

Grundsätzlich kann man sagen, dass ein Kind im Verlauf der ersten zwei Lebensjahre Gegenstände oral, manuell und visuell erkundet. Es entwickelt auf diese Weise sein räumliches Vorstellungsvermögen.

Die Spielsituation im Säuglingsalter besteht aus dem freien oder auch spontanen Spiel. Sie ist durch Freude, Freiwilligkeit und das Engagement der Spielenden sowie die Beziehung zum Nichtspiel gekennzeichnet. Dabei meint Spielen keinesfalls ungezielte Beschäftigung, sondern ist in den Stadien arbeitsintensiven Handelns mit konzentrierter geistiger Auseinandersetzung lernend verbunden.

Spielobjekte, ob angeboten oder entdeckt, werden, in ungestörter Atmosphäre untersucht. Wird ein Spiel durch die Eltern unterbrochen, obwohl der Säugling daran noch Gefallen findet, bekundet er dies mit Unmutsäußerungen und verlangt nach einer Alternative.

Spielen erfordert erfinderisches, problemlösendes und im späteren Lebensalter kommunizierendes oder gemeinschaftliches Tun. In dieser Hinsicht sind spielerische Handlungen bei Kindern gleichbedeutend mit dem gesellschaftlichen Zusammenleben und der geistigen Entwicklung. Im freien Spiel wird bei offenen Aufgaben und mit ausgesucht *gestaltbarem* Spielmaterial das kreative Denken gefördert.

Auch wohl geplante Spielformen unterstützen die Kreativität, indem entwicklungsgemäße Spiel- und Lernanregungen gegeben werden.

In der Gruppe können Spielarrangements hergestellt werden, deren Aufforderungscharakter dem Säugling bestimmte Anforderungen abverlangt. Zu festgelegten Spielformen entwickeln sich Unterrichts- und Gruppenrituale, die sich durch unmissverständliches gemeinsames spielerisches Handeln auszeichnen.

Spielen in der Gruppe ist insofern für das Kind von besonderer Bedeutung, als die intensive körperliche Aktivität, das Beobachten von Mitspielern und die *ansteckende* Fröhlichkeit durch die anderen das körperliche Engagement, die Teilnahmemotivation und das Lernergebnis begünstigen.

Bezogen auf die Situation im Wasser ist Spielen eine intensive Eltern-Kind-Interaktion. Der Säugling nimmt anfangs die spielorientierte Aufmerksamkeit der Erwachsenen vorwiegend passiv auf (Blickkontakt), antwortet jedoch zumeist schon mit einem Gesichtsausdruck, wie z. B. einem Lächeln. Durch wiederholende Aktivitäten, wie Geräusche, Mimik und Bewegungen, entwickelt sich eine Spielsituation zwischen den Eltern und dem Kind, bei dem das Kind zunehmend aktiver reagiert.

Sozial betrachtet spielt der Säugling vornehmlich noch mit sich selbst, fordert jedoch von Zeit zu Zeit bereits die elterliche Aufmerksamkeit ein. Im Beisammensein mit anderen Säuglingen spielt er zufrieden, solange er sich nicht gestört fühlt. Gegenstände werden erst losgelassen, wenn ein anderes Spielobjekt visuell einen größeren Reiz ausübt.

Im Verlauf des ersten Lebensjahres stellt sich der Säugling durch sein Erkundungs- und sich verbesserndes Handgeschick zunehmend auf Gegenstände ein, und zwar in einem erfahrungsbezogenen und reifeabhängigen Prozess.

Spielen mit Sachen

Das Spiel mit Gegenständen erfordert das visuelle Erkennen eines Gegenstandes, darum ein angemessenes Zusammenspiel von Augen und Hand sowie gelenktes Greifen d. h. die Gewissheit, dass dieser existiert, auch wenn er kurzfristig verschwindet *(Objektpermanenz)*. Das Kind begreift, dass es die erforderlichen Bewegungsmuster dazu feinmotorisch verändert, indem es die Vorgänge mannigfaltig an den Objekten erforschend wiederholt.

Je nach Alter und Entwicklungsstand eignen sich unterschiedliche Gegenstände als Spielzeuge. Im ersten Lebensjahr bieten sich geräuschverursachende und beißbare Artikel an. Am Ende des ersten Lebensjahres koordiniert das Kind bereits mehrere Gegenstände: Kleinere Gegenstände werden in größere Gefäße ein- und aussortiert, Würfeltürme gebaut und umgestoßen, oder die rollende Ballbewegung fordert das Kind heraus. Zwischen Eltern und Kind entstehen interaktive Spielformen (z. B. Versteck- und Fingerspiele, Fangspiele). Bei rhythmischen Reiter-, Sing- und Bewegungsspielen fühlt sich das Kind angeregt und reagiert seinerseits mitunter heftig (austoben).

3 Eltern und Kursleiter

3.1 Eltern als Lernende und Vermittler für ihr Kind

Die wachsende Nachfrage nach Kursen im ersten Lebensjahr sowie die Gespräche an Elternabenden machen deutlich, dass sich Eltern mit der Entwicklung ihres Säuglings auseinander setzen wollen. Am Lebensanfang ihres Nachwuchses sind sie besonders interessiert und motiviert, ihr Kind *richtig* zu fördern.

Da sie noch keine *Experten* in ihrer Elternrolle sind, sollte ihnen qualifizierte Beratung angeboten werden, welche die Ganzheitlichkeit der kindlichen Entwicklung berücksichtigt.

Beim Säuglingsschwimmen sind sowohl die Säuglinge als auch deren Eltern die Ansprechpartner, die vom Kursleiter unterrichtend betreut werden. Bei der Fülle der Erwartungen und Vorerfahrungen seitens der Eltern bestehen einige hauptsächliche Lernziele:

- Ihren Säugling im Wasser sicher halten – sein Wohlbefinden im Wasser fördern.
- Ihren Säugling in der Entwicklung begleiten und durch Spiel- und Bewegungsübungen anregen.
- Kontakte knüpfen zu anderen, Kennenlernen von Liedern und Spielideen.

Die Antworten auf alle Fragen nach dem Wie hat der Kursleiter zu geben.

Die Erwachsenen haben ein unterschiedliches Verhältnis zum Wasser. Einige betreiben Wassersportarten, andere sind Urlaubsschwimmer und wieder andere sind dem Wasser gegenüber zurückhaltender eingestellt.

Im Schwimmbad können die Eltern ihr Kind ungezwungen im Wasser erleben, natürliche Freude beim Bewegen und Spielen mit dem Kind entfalten, sensibel werden für die Sinneserfahrungen und den notwendigen Körperkontakt zu dem Kind im Wasser, sich bewusst werden, das eigene Bewegungsverhalten auf das Kind einzustellen (nicht umgekehrt!), ihre Vorbildfunktion bewusst einzusetzen und sich über die Körpersprache gegenseitig kennen zu lernen.

Insbesondere der nackte Kontakt der Körper im Wasser intensiviert die Beziehung.

In den Spielsituationen erfahren Eltern, wie viel Freiraum und Anregung ihr Kind ihnen abverlangt, wie sie mit der Neugier, Kreativität und Spontaneität des Kindes umgehen und ihm in unerwarteten Situationen Sicherheit, Ruhe und Vertrauen vermitteln können.

3.2 Kursleiter als Lehrer und sensible Elternberater

Der Kursleiter muss sich der vielfältigen Erwartungen der Eltern bewusst sein. Eltern wollen im Rahmen eines Kursangebots nicht nur inhaltlich versorgt werden, sondern sowohl betreut werden als auch ihren eigenen Aktivitätsfreiraum erhalten. Im Wesentlichen obliegen dem Leitenden folgende Aufgaben:

- Vorabinformationen über die organisatorischen Voraussetzungen und die methodische Durchführung.
- Vermitteln von Unterrichtsinhalten.
- Die Griff- und Tauchtechniken gilt es mit Vor- und Nachteilen begründend zu erklären. Auch die physikalischen Eigenschaften des Wassers sollten die Eltern erfahren

und anwenden lernen. Lieder und Spielformen kennen zu lernen, ergänzt das elterliche Repertoire und fällt auch weniger Singbegeisterten in der Gruppe leichter. Hinweise und Spielanregungen zu allen kindlichen Entwicklungsbereichen machen die Eltern in kleinen Schritten sensibel für das kindliche Können.

- Beobachten der Gruppe und einzelner Eltern-Kind-Paare und insgesamt oder individuell korrigierend eingreifen.
- Die Stimmung erspüren.
- Bei dieser Gelegenheit können sich die Erwachsenen über ihre Probleme und Unsicherheiten austauschen; dies fördert die Bildung von Vertrauen, Verantwortungsgefühl und Hilfsbereitschaft. Ist eine Gruppe mehrere Monate lang zusammen und fühlen sich die Teilnehmer wohl, so ist das ein gutes solidarisches Zeichen. Dabei gilt es, auch andere Meinungen zu tolerieren.
- Beratungen der Eltern bei spezifischen Anfragen aus dem eigenen Kompetenzbereich.

Um den Unterricht qualitativ zu verbessern, sollte den Eltern ein ganzheitliches Verständnis von Entwicklungsförderung nahe gelegt werden. Neben Griff- und Tauchtechniken, Anregungsmöglichkeiten und spielerischen Übungsformen ist den Eltern insbesondere Wissen über die bewegungsbeeinflussenden Faktoren für den Umgang mit ihrem

Säugling zu vermitteln. Damit werden ihnen ihre eigenen Handlungsmöglichkeiten für gesundheitsorientiertes Verhalten offen gelegt. Anschauliche Beispiele und Variationen zum Halten, Tragen und Transportieren des Säuglings sollten gezeigt werden sowie bewegungsförderliche Möglichkeiten zur Unterstützung der kindlichen Selbstbefähigung im Alltag angesprochen werden.

Der Körperkontakt zwischen Mutter und Säugling sollte bei den methodischen Inhalten des Schwimmens stärker als üblich berücksichtigt werden. Der bisher überwiegend kindzentrierte Unterricht sollte die Bezugsperson stärker einbeziehen. Die Wirkung des Körperkontakts zwischen Kind und Mutter durch gezielte Hinweise bewusst wahrnehmen zu lassen, ist ein grundlegendes und unbedingt zu erreichendes Ziel des gemeinsamen Bewegens im Wasser.

Um Kursleiter für die Durchführung von Säuglingsschwimmkursen zu befähigen, werden Fort- und Weiterbildungen angboten, die inhaltlich nicht nur das wasserspezifische, sondern das allgemeinpsychologische und pädagogische Eltern-Kind-Verhalten in den Mittelpunkt stellen. Der Einzelkenntnisse übergreifenden Betrachtungsweise über Entwicklungseinflüsse und Entwicklungsförderung ist mehr Bedeutung beizumessen.

Die Entwicklungsförderung mit dem Schwerpunkt Motorik verlangt Kenntnisse über Entwicklungsschritte und Wege der Bewegungsanbahnung durch entwicklungsgerechtes Handling, die mit den elterlichen Erziehungsvorstellungen für das Selbstständigwerden

ihres Kindes in Einklang zu bringen sind. Durch bewusstes Herausfordern und Abwarten der kindlichen Bewegungsleistungen in den Kursen und im Alltag werden dem Säugling eigene *Gelingenserfahrungen* eingeräumt.

Ein Einordnen des Entwicklungsstands bei der altersbezogenen Gruppeneinteilung verhelfen dazu, die Unterrichtsinhalte entwicklungsgemäßer anzubieten und damit auch gezielter die individuelle motorische Entwicklung zu fördern.

4 Das Säuglingsschwimmen

4.1 Geschichtlicher Rückblick und Forschungsergebnisse

Sagen, Wandmalereien und Berichten aus der Antike zufolge gewöhnten am Wasser siedelnde Völker ihre Kinder bereits frühzeitig an das Wasser. Wasser gab den Inselvölkern Nahrung und Lebensqualität. Für die Griechen galt das frühe Schwimmenlernen als Zeichen der Bildung, die Kelten und Germanen nutzten das kalte Wasser für Tauchbäder zum Abhärten der Säuglinge. Aus dem Mittelalter ist wenig bekannt über die Konfrontation des Nachwuchses mit dem Wasser, mit Ausnahme der Praxis der Kindertaufe.

1897 bezeichnete Mumford die Bewegung der Säuglinge als *Schwimmbewegungen.* Er beobachtete, dass Säuglinge in der Bauchlage an Land rhythmische, auswärts und rückwärts gerichtete Streck- und Beugebewegungen mit Armen und Beinen ausführten. Wissenschaftliche Untersuchungen an Säuglingen im Wasser wurden bereits 1919 von Watson durchgeführt. Er beobachtete bei Säuglingen in der Rückenlage unkoordinierte *Massebewegungen*. McGraw berichtete 1939 von *Reflexschwimmbewegungen* in den ersten vier Lebensmonaten und einer reflektorischen Blockierung der Atmung beim Untertauchen von Säuglingen.

Die *Schwimmbewegungen* werden als koordinierte, geringfügige Fortbewegung beschrieben, die durch die Lateralflexion des Rumpfs und das rhythmische Beugen und Strecken der Arme und Beine ausgelöst wird. Mayerhofer (1952) und Peiper (1961) bezeichneten den angeborenen *Schwimmreflex* als *phylogenetische*[17] Erinnerung der Säuglinge an ihr vorgeburtliches Leben. Die kreuzkoordinierten Schwimmbewegungen beobachteten sie bis zum fünften Lebensmonat.

Bauermeister (1984[9]) und Bresges & Diem (1972) bezeichnen die Schwimmbewegungen von Säuglingen als stimulierbare *Instinktbewegungen*, um das selbstständige Schwimmen ab dem dritten Lebensjahr vorzubereiten. Wielki & Houben (1983) stellten bis zum fünften Lebensmonat Reflexschwimmbewegungen fest, welche durch unkoordinierte Bewegungsmuster abgelöst werden und sich ab dem 11. Monat zu willkürlichen Schwimmbewegungen entwickeln.

---

17 die Stammesgeschichte betreffend.

Im Zuge der Intelligenz- und Lernforschung während der 1970er Jahre entstand der Trend, empirische Nachweise über die Möglichkeiten der Frühförderung zu erbringen, insbesondere im Bereich der Heilpädagogik (u. a. Koch, 1969; Eggert & Schuck, 1972; Schilling, 1973). Der Begriff *Frühstimulation* etablierte sich.

Zu nennen ist vor allem die wissenschaftliche Untersuchung von Diem, Lehr, Olbrich & Undeutsch (1980) zur Wirkung der Frühstimulation im Wasser auf die Persönlichkeitsentwicklung des Kindes im dritten und vierten Lebensjahr. 183 wasserstimulierte Säuglinge wurden getestet mit dem Ergebnis, dass sich Säuglingsschwimmer gegenüber ihren Altersgenossen durch eine bessere situative Anpassung, größere Selbstsicherheit und Selbstständigkeit auszeichnen (ebd., S. 15).

Etwa zeitgleich verlief der Aufbau von Schwimmschulen und Schwimmprogrammen (u. a. Bauermeister). Die anschließenden Ausbau- und Modernisierungsmaßnahmen an Schwimmbädern zu so genannten Spaß- und Erlebnisbädern mit Warmwasserbecken führten allgemein zu wachsender Popularität und in ihrem Sog zur Verbreitung des Säuglingsschwimmens in Deutschland. Im Zusammenhang damit entwickelte sich auch das Interesse von Eltern an Programmen für Säuglinge und Kleinkinder im Rahmen der familiären Freizeitgestaltung der 90er Jahre.

Aus den wenigen statistischen Untersuchungen über die Wirkung des Säuglingsschwimmens auf die kindliche Entwicklung ist die von Plimpton (1986) zu nennen. Sie untersuchte den Einfluss von Bewegungsangeboten auf die motorische Entwicklung und das interaktive Verhalten des Kindes in Wasser- und Landsituationen über einen Zeitraum von sieben Wochen an Säuglingen mit einem durchschnittlichen Lebensalter von 9,5 Monaten.

Bewerterinnen beobachteten das Bewegungsverhalten des Kindes in den Dimensionen: Bewegen, Lächeln, Lautieren, Berühren, Greifen und Weinen. In der Studie wurden Trends deutlich: Die Kinder, die neben den Eltern-Kind-Gruppen an Land auch an Wasserprogrammen teilnahmen, zeigten das größere Bewegungsrepertoire und das positivere emotionale Verhalten.

Moulin (1997) untersuchte die Entwicklung der Selbstständigkeit bei 9-30 Monate alten Säuglingen in Abhängigkeit von der Wasseraktivität über einen Zeitraum von zwei Jahren. Die Untersuchungen wurden 4 x im Abstand von jeweils sechs Monaten anhand eines Fragebogens, systematischer Unterrichtsbeobachtungen, einer Interaktionsanalyse sowie entwicklungsdiagnostischer Testverfahren durchgeführt. Im Kindesalter von 30 Monaten wurden dabei signifikante Unterschiede zwischen den Gruppen

der Schwimmer und einer Kontrollgruppe hinsichtlich ihrer Motorik, der psychosozialen Stabilität und der Leistungsfähigkeit ermittelt. Bedeutsame Ergebnisse wurden dabei auch in der Interaktionsanalyse zu Gunsten der wasserstimulierten Kinder deutlich: Die Schwimmer kommunizierten und explorierten im Spielverhalten stärker als die Kontrollgruppe.

Numminen & Sääkslathi (1998) führten eine Studie durch, um den Wasserstimulus auf die motorische Entwicklung an Säuglingen im Alter von 5-6 Monaten über einen Zeitraum von neun Monaten anhand eines von Eltern geführten Tagebuchs zu überprüfen, das auf der Grundlage von motorischen Merkmalen der Entwicklungsdiagnostik zusammengestellt worden war. Dem Ergebnis zufolge wirkt sich insbesondere das frühe Schwimmen ab dem dritten bzw. vierten Lebensmonat förderlich auf die Fähigkeiten des Greifens, Streckens und Stützens der Arme sowie des Sitzens aus.

Des Weiteren hat die Autorin an der Deutschen Sporthochschule weitere Studien zu folgenden Themen durchgeführt:

- Die *IDOSI-Studie* (Infectious Disease of Swimming Infants) (1997), in welcher die Krankheitshäufigkeit von wasserstimulierten und nichtwasserstimulierten Säuglingen im ersten Lebensjahr verglichen wurde. *Ergebnis:* Säuglinge, die am Schwimmen teilnehmen, sind nicht häufiger krank als ihre Altersgenossen. Dabei wurde deutlich, dass sich das Stillen im Liegealter als Krankheitsschutz auswirkt und mit dem Zahnen, dem Abstillen und der selbstständigen Fortbewegung im Allgemeinen eine höhere Krankheitshäufigkeit auftritt.
- Die *WaGuM-Studie* (Wassergussmethode) (1998) überprüfte, ausgehend von der Theorie des perzeptiven Lernens, eine neue Tauchtechnik anhand des Wassergusstests. Hierzu wurde der Säugling erst schrittweise an das Wasser gewöhnt und seine emotionale Tauchbereitschaft überprüft, bevor sein Gesicht in der positiven Reak-

tion kurzfristig eingetaucht wurde. Es wurde festgestellt, dass sich die emotionale Tauchbereitschaft des Säuglings anhand des Wassergusstests einschätzen lässt und deutliche Zusammenhänge zwischen der Tagesform, der Gusstestreaktion (GTR) und der Nachtauchreaktion (Post-Tauch-Reaktion, PTR) des Säuglings bestehen.

- Die *WaVeK-Studie* (Wasservertrautheit von Kleinkindern) (2000) verglich das eigene Zutrauen und die Reaktionen von Kleinkindern auf verschiedene Wassersituationen in einem spielplatzähnlichen Parcours in einem Duschraum. Die seit dem Säuglingsalter am Schwimmen teilnehmenden Kleinkin der zeigten sich gegenüber ihren Altersgenossen deutlich aufgeschlossener und vertrauter im Umgang mit Wasser.
- Die *MUKi-Studie* (Motorische Untersuchung von Kindern im ersten Lebensjahr) (2000) untersuchte die Wirkung des Säuglingsschwimmens auf die Motorik und überprüfte sie dahingehend, ob und wie sich die mütterliche Einstellung zum eigenen Körper auf die Bewegungsentwicklung des Kindes auswirkt. Die Ergebnisse machten deutlich, dass sich Schwimmen besonders im Liegealter günstig auf die Körperhaltung auswirkt. Im späteren Alter deuteten sich qualitativ bessere motorische Leistungen der frühzeitig wasserstimulierten Säuglinge an. Die positive Einstellung der Mutter zu Körperkontakt erwies sich als unterstützender Einfluss für eine gesunde Motorik des Kindes.

Nachfolgend wurden Diplomarbeiten zum Thema qualitativer Bewegungsbeurteilung (Becker 2000), zur geschlechtsspezifischen Einstellung von Eltern zum Säuglingsschwimmen (Schmidt 2001), zum Körpertemperatur- und Herzfrequenzverhalten von Säuglingen und Müttern beim Schwimmen (Detrois 2001, Schmück 2002, Hoffmann 2003), zu den methodischen Ansätzen beim Säuglingsschwimmen (Schifflers 2002), zum Verhalten von Erstlings- und Mehrfachmüttern (Kühnert 2003), zur Entwicklungsdiagnostik (Horn 2003), zu Frühgeborenen (Baginski 2004), zur geschlechtsspezifischen Eltern-Kind-Interaktion (Knözinger 2004), zur Sprachförderung (Menz 2005), zur Leistungsentwicklung (Gräfen 2009), zur Urvertrauensbildung beim Säuglingsschwimmen (Munteanu 2012) und zur Rolle der DSHS Köln für die Entstehung und Entwicklung des Säuglingsschwimmens (Müller 2014) durchgeführt und betreut.

4.2 Methodische Ansätze und Zielsetzungen

Im Säuglingsschwimmen sind zahlreiche Unterrichtsmethoden vorzufinden. Sie ergeben sich zunächst aus unterschiedlichen Ansätzen. Die Verschiedenartigkeit erklärt sich ferner aus unterschiedlichen Zielsetzungen der Anbieter und hängt von den räumlichen, organisatorischen und institutsgebundenen Möglichkeiten ab. Die fachliche Qualifikation und Vorbildung der Kursleiter und der eigene Unterrichtsstil vervollständigen das Bild. Inwiefern dabei stets klare, zielgerichtete Ausbildungskonzepte vorliegen bzw. befolgt werden, bleibt dahingestellt. Modeerscheinungen, auch internationale Einflüsse, bewirken ein Übriges.

Die Praxis zeigt ein sehr variables Spektrum an Gestaltungsmöglichkeiten: feste Kurszeiten und Kurse mit offener Terminauswahl, altershomogene und altersheterogene Säuglingsgruppen, zielgerichtete, inhaltliche Anregungen und offene Spielangebote, Einzel- und Gruppenbetreuung. Die Kurse werden entsprechend den Lehrmethoden geleitet oder beaufsichtigt.

Systematisiert man die wesentlichen methodischen Konzepte, was gewisse übergreifende Gemeinsamkeiten nicht ausschließt, so ergibt sich folgende, nach vorrangigen Motiven und Inhalten ausgerichtete Zuordnung:

- *Sportpädagogisch* ausgerichtete Unterrichtskonzepte stellen die Motive des Lernens und Leistens in den Vordergrund ihrer inhaltlichen Arbeit. Dazu gehören:
  - Wassergewöhnungsprogramme, die zielgerichtet auf das Schwimmenlernen vorberiten.
  - Die Vermittlung von Selbstrettungstechniken, um die Ertrinkungsraten von Kleinkindern zu reduzieren, indem das Kind frühzeitig selbständig Überlebensfähigkeit erlernt.

  Also Bewegungsangebote, die auf eine frühe sportliche Sozialisierung in der Gemeinschaft und Erziehung des Kindes zur Bewegungs- und Koordinationsförderung zielen, bei denen sich auch sportausübende und sportinteressierte Eltern als Vorbild in den Unterricht einbringen können.

- *Psychologisch* ausgerichtete Konzepte beinhalten vor allem die Ziele, Spiel freudig zu erleben bzw. Angst zu bewältigen. Die Unterrichtsprogramme sind erlebnisbezogen aufgebaut. Wasser soll angstfrei erlebt, Wasserscheu abgebaut und negative Wassererfahrungen bewältigt werden. Das ursprüngliche Element übernimmt die vereinigende Rolle, um intensiven Körperkontakt des Elternteils zum Kind aufzunehmen und Kontakte in der Gruppe im gemeinsamen Erleben und Spielen zu knüpfen.
- *Medizinisch* ausgerichtete Konzepte stellen die Gesundheitsförderung bzw. Gesundheitstherapie in den Vordergrund. Vorbeugend betrachtet orientiert man sich im Allgemeinen an der ganzheitlichen Normentwicklung des Kindes, rehabilitativ beachtet man insbesondere die Verbesserung bestimmter diagnostizierter Defizite. In der Hydrotherapie werden die physikalischen Besonderheiten des Wassers bewusst eingesetzt. In der Physiotherapie sind zur Rehabilitation im Wasser insbesondere die Halliwick-Methode nach McMillan (1976) (vgl. Schmidt-Hansberg, 1981) und die Auftriebstherapie nach Kraft (1961, 1974) bekannt, deren Inhalte auf das Säuglingsalter zum Teil übertragen werden.

4.3 Das Konzept der Frühstimulation

Motorische Frühstimulation

Durch motorische Stimulation wird der Säugling angestoßen und aufgefordert, sich weiterzuentwickeln. Motorische Stimulation beinhaltet das Anregen, Auslösen, Anbahnen oder Herausfordern zu einer aktiven Bewegung. Letztere kann durch verschiedene Sinnesreizungen ausgelöst werden, wobei die Wirksamkeit des Reizes vom Zustand des Organismus abhängt. Indem das Kind diese Wahrnehmungen verarbeitet, werden sein Erkundungstrieb und sein Bewegungsbedürfnis ausgelöst, wird sein Selbstvertrauen in seine körperlichen Fähigkeiten gestärkt. Zudem lernt es, durch die Bewegungserfahrungen.

Dabei ist für das Kind nicht entscheidend, „(...) frühzeitig zu sitzen oder zu stehen, sondern daß es und wie es sich aus eigenem Antrieb aufrichten kann" (Diem, 1967, S. 19).

Entwicklungsförderung mit dem Schwerpunkt Motorik

„Verweilen wir noch einen Augenblick beim Vergleich des Organismus mit der Entstehung eines Bildes aus dem Entwurf. Die Stadien des Werdegangs sind unfertig, sie schließen jeweils noch allerhand Varianten als Möglichkeiten ein, die im reifenden Bilde, in der Vollendung des einen Weges ausgeschaltet werden. So ist auch der werdende Keim auf dem Wege zu einer Endform unfertig und mahnt darum an andere Möglichkeiten der Ausgestaltung (...)."

(Portmann, 1972, S. 165)

Das heißt auch, die Entwicklung ist ein reifender Prozess mit lern- und übungsbedingten Momenten. Folglich sind dem Kind Gelegenheiten anzubieten, Erfahrungen zu sammeln und sein Verhalten innerlich oder tatsächlich nachzubilden. Dies gilt sowohl für die aktive als auch für die passive Bewegungserfahrung des Säuglings durch die Transferwirkung und das Mitüben. Die Bewegungsfähigkeit und -tätigkeit des Säuglings zu entwickeln und aktiv dessen Erkunden und Spielen zu entfalten, ist Ziel der Säuglingsförderung.

Es bedarf zwar auf Grund seiner biologisch bedingten Unbeholfenheit als „Nesthocker" zunächst der elterlichen Hilfe und Fürsorge, aber die Art und Weise, wie dem Kind geholfen wird, befindet über seine Eigenaktivität und damit seine natürliche Entwicklung, die es sich selbst bahnen muss.

Es gilt, im Kind das Interesse zu wecken und – mit Geduld und Ausdauer – seine eigene Auseinandersetzung mit dem Umfeld zu vertiefen. Das Kind wird zu selbstständigem Denken und Handeln befähigt. Seine Lernerfahrungen verhelfen ihm zu mehr Selbstkontrolle und Selbstständigkeit.

Wahrnehmen und Bewegen bedingen einander. Das wird besonders deutlich mit steigender Sehfähigkeit. Dann wächst beim Säugling das Interesse am Gegenständlichen und an der Mimik, wodurch ein Fortbewegungsanreiz ausgelöst wird. Im weiteren Verlauf werden zur ganzkörperlichen motorischen Stimulation sowohl das Medium Wasser an sich als auch seine besonderen physikalischen Eigenschaften genutzt.

Im Verlauf der entwicklungsgemäßen und wiederholt variierenden Übungen im Wasser werden bewusst solche Reize integriert, welche die verschiedenen Sinne des Säuglings anregen, z. B. das Anströmen der Hand- oder Fußflächen, was ein eigenes Körperbetasten auslöst. Die Informationen werden aufgenommen und im zentralen Nervensystem entsprechend verarbeitet. „Jede Informationsverbesserung durch Wahrnehmungssensibilisierung bewirkt eine Verbesserung der Handlungsqualität. Umgekehrt führt jeder willkürmotorische Akt und jede adaptive motorische Reaktion zu einer besseren Wahrnehmung und damit zu einer Erhöhung der Organisation und Integration neurologischer Regelkreise" (Kiphard, 1981, S. 76).

Die Stimulation fruchtet besonders, wenn die Aktivitäten ein positives Echo finden und den Wunsch nach neuen Herausforderungen sowohl bei den Kindern als auch bei den Eltern wecken. Die Entwicklungsreihenfolge und das Entwicklungsniveau des Kindes sind für die Auswahl und ihre Wirksamkeit bestimmend. Die Anregungen werden in spielerischer Form angeboten, ihre Akzeptanz und Umsetzung wird quantitativ und qualitativ beobachtet und gegebenenfalls korrigiert.

Ein Kind nimmt sensomotorische Förderung in nachfolgend genannten Bereichen wahr, welche zwar im Einzelnen stimuliert werden können, aber nur in ihrer Gesamtheit eine Einheit bilden (vgl. Kiphrad, 1981). Die Übungen sind darauf ausgerichtet, die nachfolgenden Fähigkeiten zu verbessern:

- Gesamtkörperkontrolle in Form von Stützen, Stellen, Anspannen, Ausgleichen von Bewegungen, z. B. nach Lageveränderungen.
- Hand- und Fingergeschick in Form von Greifen und Loslassen.
- Mundgeschick in Form von Kauen, Saugen, Lecken, Pusten, Lautimitation und Lallanregungen.
- Augengeschick durch Fixieren eines Objekts oder Verfolgen eines Ziels.
- Optisches Wahrnehmen in Form von Farben, Formen, Größen, Mengen so wie des eigenen Körpers.
- Akustisches Wahrnehmen durch Unterscheiden und Lokalisieren von Geräuschen sowie die Entwicklung des Wortverständnisses über verbales Wiederholen.
- Kinästhetisches Wahrnehmen durch Dreh- und Schaukelbewegungen, um das Lage- und Muskelempfinden zu sensibilisieren und den Muskeltonus der Bewegung anzupassen.
- Taktiles Wahrnehmen durch mechanische oder thermische Hautreize.
- Olfaktorisches (riechendes) Wahrnehmen durch variierende Geruchsreize.
- Gustierendes Wahrnehmen durch vielfältige Geschmacksangebote.

Wirksamkeit und Erfolg werden in erster Linie durch die methodisch passende Auslese der Reize auf die Sinnesorgane unter günstigen Rahmenbedingungen hinsichtlich Raum, Zeit, Personal und Temperatur bestimmt.

Das Kind entfaltet beim Spielen und Hantieren durch frühzeitige und vielfältige Anregungen mittels Gegenständen, mit Partner oder Gruppe seine Denk- und Erkenntnisprozesse. Es entwickelt Bewegungsaktivitäten, erweitert sein Repertoire, entdeckt seine Bedürfnisse und erlebt sich selbst. Indem sich das Kind mit dem Umfeld auseinander setzt, schöpft es seine persönliche Veranlagung nach eigenem Rhythmus aus und steigert sein Selbstvertrauen. Und für Eltern, Erziehende, Ausbilder usw. gilt es, den Grundsatz zu beachten, dass die Bewegungsentwicklung nachhaltig von Umfeldfaktoren beeinflusst wird. Weiterhin gilt, dass sich die vielfältigen Angebote unseres Aktionsspektrums sowohl hinderlich als auch förderlich auf die Entwicklung auswirken können, wenn man nicht alle biogenetischen Faktoren und die individuellen Unterschiede berücksichtigt. Das Angebot zu vergrößern, bedeutet nicht zwingend Entwicklungsvorteile. Reizdauer und Reizstärke haben – ungeachtet aktueller Trends – dem Entwicklungsstand entsprechend und dosiert zu erfolgen.

Durch die motorische Frühstimulation von Säuglingen können auch Bewegungsstörungen, die infolge der Schwangerschaft, der Geburt oder anderer Einflüsse hervorgerufen worden sind, bereits in ihrer Entstehungsphase aufgefangen werden. Es wird davon ausgegangen, dass sich im Menschen als *physiologisch Frühgeborenem*, dessen Gehirnentwicklung erst zum Ende des ersten Lebensjahres abgeschlossen ist, Bewegungsmuster noch nicht zerebral festgelegt haben und deshalb therapeutisch beeinflussbar sind.

Eine gezielte Förderung koordinativer Fähigkeiten und elementarer Bewegungsformen kann *nie* zu früh einsetzen, weil die spätere Koordinationsfähigkeit vom Übungsmaß der ersten 22 Lebensmonate bestimmt wird (vgl. McGraw, 1975). Der Zeitraum zwischen sechster Lebenswoche und sechstem Lebensmonat gilt als sensible Phase des Säuglings in welcher der Organismus Anregungen und Übungsgelegenheiten erhalten sollte. Es handelt sich um einen Zeitraum, in welchem der Säugling immer bewusster wahrnimmt. An Säuglingen wurde nachgewiesen, dass tägliche halbstündige Bewegungsübungen einen 2-4-monatigen Entwicklungsvorsprung hervorbringen, d. h., motorische Entwicklung kann durch Lernvorgänge modifiziert werden. Diese Gewandtheit, die durch die frühe Bewegungsstimulation erreicht wird, drückt sich qualitativ nicht nur in spezifischen Fähigkeiten, sondern auch in der Gesamtmotorik aus.

Frühstimulation durch Säuglingsschwimmen

Die Frühstimulation durch Säuglingsschwimmen geht in ihrem Unterrichtskonzept davon aus, dass

- die zeitlich festgelegten Kurse regelmäßig 1 x wöchentlich für 30-45 Minuten besucht werden.
- in Gruppenform unterrichtet wird, in der nicht mehr als 8-10 Eltern-Kind-Paare betreut werden.
- die Gruppen dem Alter und Entwicklungsstand der Säuglinge angemessen zusammengestellt werden.
- die reifgeborenen Säuglinge in einem Alter von 2-3 Monaten mit dem Schwimmen beginnen.
- ein geordneter inhaltlicher Unterricht durchgeführt wird, in dem neben der Vermittlung von Griff- und Tauchtechniken gezielt zum Bewegen von Armen und Beinen angeregt und die Wahrnehmung sensibilisiert wird.
- die Kursinhalte von einem ausgebildeten Leiter vermittelt und umgesetzt werden.

- im ersten Lebensjahr keine körpergebundenen Schwimmhilfen längerfristig eingesetzt werden, um die Bewegungsfreiheit des Säuglings nicht einzuschränken.
- das Wasser bewusst als Umgebungsreiz und zur Stimulation der instinktiven Reflexschwimmbewegungen, der Atemschutzreaktionen und zur Gewöhnung an das Medium, zur Überprüfung der Tauchbereitschaft und, nach Möglichkeit, zum Tauchen eingesetzt wird.
- Spielzeug nicht als Dauerreiz im Wasser liegt, sondern erst nach einiger Zeit der aktiven Auseinandersetzung mit dem Wasser angeboten wird.

4.4 Erfolgserwartung und Ergebnis

Säuglingsschwimmen darf nicht auf einen Reiz-Reaktions-Mechanismus beschränkt werden, sondern ist vielmehr als ein interaktives Geschehen zwischen Kind und Eltern mit dem Kursleiter, Eltern und Kind zu betrachten.

Die verschiedenartigen kindlichen Entwicklungsbedingungen unterstreichen, dass sich dieses Angebot nur *kontextspezifisch*[18] förderlich auswirken kann. Das Säuglingsschwimmen ganzheitlich zu unterrichten, beinhaltet, sowohl die Motorik als auch die Wahrnehmung zu fördern, geistige Anregungen anzubieten und kreative Spielsituationen zu schaffen und auf der Gefühlsebene gemeinsame Eltern-Kind-Erlebnisse zu schaffen, in denen Bewegung positiv ausgelebt wird. Dabei entstehen auch Situationen ,die Überwindung kosten, die jedoch notwendig sind, um etwas Neues zu erfahren und zu lernen. Und nicht zuletzt erfordert gemeinschaftliches Tun Disziplin dahingehend, die Individualität von Verhaltensweisen und Erziehungsvorstellungen zu tolerieren.

Die Erwartungen lassen sich wie folgt umreißen:

- Vor allem im frühen Säuglingsalter, wenn sich der Säugling noch nicht eigenständig fortbewegen kann, wirkt sich das Schwimmen vorteilhaft auf den kindlichen Haltungsaufbau aus; im späteren Säuglingsalter wird das Koordinieren von Bewegungen flüssiger.
- Das alltägliche Handling, das mit den elterlichen Erziehungspraktiken zusammenhängt, beeinflusst die Entwicklung; häufiges Hinsetzen oder das An-den-Händen-Führen zum Laufenlernen behindern die Eigenversuche und -befähigung des Kindes. Das Nacktstrampeln, das Experimentieren mit dem eigenen Körper stellt sich als entwicklungsförderlich heraus; je mehr Freiraum der Säugling zum eigentätigen Erproben erhält, desto vorteilhafter wirkt sich dies auf seine motorische Entwicklung aus. Die elterliche beobachtende Aufmerksamkeit, Ansprache und der Zuspruch dürfen nicht fehlen.
- Der Körperkontakt zu den Eltern ist für einen Säugling im Sinne der Bewegungserfahrung ein stark beeinflussender Faktor. Insbesondere interaktive, bewegungsintensive Spielformen wirken sich motorisch stimulierend aus, da der Säugling gefordert ist, seinen Körper zu kontrollieren.

18 der das Kind umgebende soziale Zusammenhang (z. B. Lebens- und Erziehungsbedingungen).

Die pädagogisch-psychologische Betreuung von Eltern und Kind hilft, das Kind und seine körperlichen Anlagen kennen zu lernen und auch in Einzelheiten wahrzunehmen.

Regelmäßigkeit

Ist der Entschluss einmal gefasst, am Säuglingsschwimmen teilzunehmen, dies ist der wohl schwierigste Part, stehen und fallen die effektiven Erfolgsaussichten für die motorische Hilfestellung des Säuglings mit der regelmäßigen, d. h. *mindestens 1 x wöchentlichen* Teilnahme. Mit anderen Worten: Der Erfolg hängt maßgeblich von der Bereitschaft zu regelmäßiger, d. h. wöchentlicher Teilnahme ab. Sporadisches Erscheinen, z. B. 14-tägig oder seltener, mindert die erwünschte nachhaltige Wirkung erheblich.

Welcher Nutzen aus der Teilnahme zu ziehen ist, belegt das Ergebnis der diesbezüglich durchgeführten Studie. Anhand der MUKi-Studie (Motorische Untersuchung von Kindern im ersten Lebensjahr), die von 1997-1999 in Köln mit einer Gesamtzahl von 215 Säuglingen durchgeführt wurde, konnte die Wirkung des Säuglingsschwimmens auf die Motorik überprüft sowie der Einfluss des mütterlichen Körperkonzepts untersucht werden. Das Resultat ergab, dass das Säuglingsschwimmen hinsichtlich der Körper- und Bewegungsstimulation die Sensorik und Motorik koordiniert. Die Kinder hatten in verschiedenen Altersphasen eine verbesserte Sitzhaltung. Verbesserte Körperkoordination in Form sensiblerer Gleichgewichtsreaktionen machte sich bei den Bewegungen des Krabbelns, Laufens und Hockens sowie der Beindifferenzierung bei Körperrotationen und wohl abgestimmten Balancereaktionen bemerkbar. Dieses Resultat ist darauf zurückzuführen, dass beim Säuglingsschwimmen vor allem die Rückenmuskulatur gekräftigt und das Gleichgewichtsorgan gereizt wird.

Die großen Differenzen und die ermittelten Zusammenhänge zwischen dem motorischen Entwicklungsstand des Kindes und den elterlichen Interaktionsformen bestätigen und erklären sich daraus, dass Eltern ihren Säugling verschieden *bewegungsintensiv stimulieren.*

Dies verdeutlicht, dass *Grenzen* sowohl hinsichtlich des motorischen Stimulierens des Säuglings als auch hinsichtlich der pädagogischen Beratung der Eltern gesetzt sind. Auch die Zufriedenheit der Mutter mit dem eigenen Körper im frühen Säuglingsalter und ihre körperkontaktbejahende Einstellung im späteren Säuglingsalter beeinflussen die kindliche Motorik positiv. Das schließt auch die mütterliche Einstellung zur eigenen Sportlichkeit und zur Zufriedenheit mit sich und dem eigenen Aussehen ein.

III Zur Praxis des Säuglingsschwimmens

5 Planung und Organisation eines Kurses

Einrichtungen, die Säuglingsschwimmen anbieten, verfügen über unterschiedliche Möglichkeiten, einen Kurs durchzuführen. Zunächst gilt es, den Interessentenkreis über eine Ausschreibung im Kursprogramm des Vereins, der Volkshochschule o. Ä. bzw. über ein Medium zu erreichen und ihn telefonisch oder per Informationsbrief vorzubereiten. Sind die organisatorischen Vorbereitungen hinsichtlich Teilnehmer, Ort, Zeit redaktionell abgeschlossen, beginnt die Detailarbeit.

5.1 Planen und Konzipieren eines Kurses

Im Allgemeinen können die Kurse ganzjährig angeboten werden. Der Unterrichtsstil wird vom Kursleiter festgelegt und in der veröffentlichten Kursausschreibung bekannt gegeben. In Betracht kommen ein *offenes* Unterrichtskonzept im Sinne von Familientreffs mit Aufsicht und Beratung/Information der Eltern – auf Wunsch durch die dezentrale Lehrperson- oder ein *geschlossenes* Unterrichtskonzept mit zentraler Lehrperson, einem strukturierten Unterrichtsaufbau und altersdifferenzierten Kleingruppen. Die Kursform mit 10-15 Kurseinheiten – möglichst nicht von längeren Ferienzeiten unterbrochen – hat sich bewährt. Die Morgenstunden von 9.00-12.00 Uhr oder die Nachmittagsstunden 15.00-18.00 Uhr eignen sich am besten, da dies die aktiven Wachzeiten des Säuglings sind. Je jünger ein Säugling, desto unregelmäßiger ist der Schlaf- und Wachrhythmus ausgeprägt. Je älter ein Säugling, desto mehr hat er sich an einen bestimmten Tagesablauf gewöhnt. Die Eltern sollten sich mit der Kursanmeldung darauf einstellen, das Schwimmen fortan bewusst in den Tagesrhythmus einzuplanen und auf weitere Aktivitäten oder Anstrengungen am selben Tag zu verzichten, um das Kind nicht zu überfordern oder zu überanstrengen.

Die Gruppe sollte ungefähr acht Säuglinge mit ihren Müttern und/oder Vätern oder anderen Bezugspersonen umfassen. Vorteilhaft ist, wenn anfangs beide Eltern den Säugling beim Schwimmen begleiten und beide über den Ablauf informiert sind. In Phasen des Fremdelns ist es dann jedoch ratsam, dass nur ein Elternteil anwesend ist, weil sich das Kind in dieser emotional instabilen Phase durch die Konzentration auf nur eine Person häufig besser beruhigen lässt.

Die Gruppeneinteilung sollte nach dem Alter der Kinder erfolgen; ggf. sollte auch nach Neueinsteigern und Wiederanmeldern unterteilt werden, d. h., Vorerfahrungen sind bei der Anmeldung zu erfragen.

Die Wassertemperatur des maximal brusttiefen Wassers (1,30 m) sollte im Säuglingsalter 32-33° C betragen. Freibad- oder Freiwasseraufenthalte sind im Allgemeinen auf Grund der geringen Außentemperaturen noch nicht zu empfehlen. Aus Gründen der gründlichen Wasserqualitätskontrolle sollte man mit Säuglingen den Hallenbädern den Vorzug geben, wo diese Kontrollen sowie auch Außentemperaturen von rund 34-35° C gegeben sind.

Ein Aufenthalt von 30-45 min im Wasser ist für das Säuglingsalter angemessen. Der Kurs kann am Anfang auch mit einer Massageleistung und einem Gesprächs- oder Spielkreis kombiniert werden, solange die Aufenthaltsdauer im Wasser zeitlich noch nicht voll in Anspruch genommen wird.

5.2 Elternabend und Vorbereitung in der Badewanne

Auf dem Elternabend sollte thematisiert werden:

- Ansprechpartner in der Institution für organisatorische Fragen (An-, Abmelde- und Wiederanmeldeverfahren), Rolle des Kursleiters (Qualifikation, Erfahrungsdauer).
- Veranstaltungsort Schwimmbad (Anfahrts- und Parkmöglichkeiten, Kinderwagenabstellgelegenheiten, Umkleiden, Duschen, Wickelgelegenheiten, Schwimmbeckenbeschaffenheit, Wassertiefe).
- Struktur und Ziele des Kurses (Kursreihe, Folgekurse, Gruppengröße, Altersdifferenzierung der Kinder, Begleitpersonen (Mutter und/oder Vater), Geschwisterkinder, Entwicklungsbegleitung, Haltungs-, Bewegungs- und Wahrnehmungsförderung, soziale Kontakte, Eltern-Kind-Erlebnis).
- Unterrichtsaufbau und -inhalte (vierphasiger Verlauf, Gymnastik- und Bewegungsübungen, Griff- und Tauchtechniken, Spielideen, Lieder und Entspannungsmöglichkeiten).
- Eltern (Vorerfahrungen erfragen, Vorbereitungsmöglichkeiten beim Baden erklären), gesundheitliche Vorteile des gemeinsamen Schwimmens.
- Hygienische und sicherheitsbedingte Maßnahmen abklären (Badeausrüstung, Duschen).
- Voraussetzungen des Kindes (frühgeboren oder reifgeboren, Gesundheitszustand, ärztliche Bescheinigung).

Eine kinderärztliche Bescheinigung ist von den Eltern zweckmäßigerweise einzufordern, um auch gegenüber den anderen Eltern und Kindern zu gewährleisten, dass der Säugling körperlich belastbar und frei von ansteckenden Krankheiten (z. B. Durchfall, Bindehautentzündung, Grippe) ist. Es gibt nur wenige Kontraindikationen, die ein Säuglingsschwimmen ausschließen (dies sind schwere Herzfehler oder Lungenfehlbildungen sowie offene Hautstellen).

Badeausrüstung:

- Es sind stets mehrere Handtücher mitzubringen. Eines wird beim Wickeln als Unterlage benutzt, um das Kind vor Unreinlichkeiten zu schützen. Ein weiteres dient als Trockentuch.
- Als Badebekleidung des Säuglings ist eine Windelhose (mit Mikrofasereinlage) oder eine Frotteehose (mit eng anliegenden Bündchen) zu tragen.
- Das Urinieren von Säuglingen in das Wasser ist nicht immer zu vermeiden, kommt jedoch – auch bedingt durch den Wasserdruck – selten vor. Es geschieht eher beim Verlassen des Wassers nach dem Schwimmen. Deshalb wird angeraten, das Kind unmittelbar nach dem Duschen in ein Handtuch einzuwickeln und alsbald zu windeln.

Häusliches Baden – mehr als Körperpflege

Sobald der Nabel abgeheilt ist, kann man den Säugling in der Körpertemperatur entsprechendem warmem Wasser ohne Badezusätze baden, beginnend mit fünf Minuten Dauer, danach steigernd auf 15 Minuten. Dafür eignet sich das Waschbecken, eine Wanne oder ein Badeeimer, solange der Säugling noch klein ist. Um aus dem Baden nicht nur einen Pflegeakt, sondern ein lustbetontes Austoben mit Strampeln und Pat-

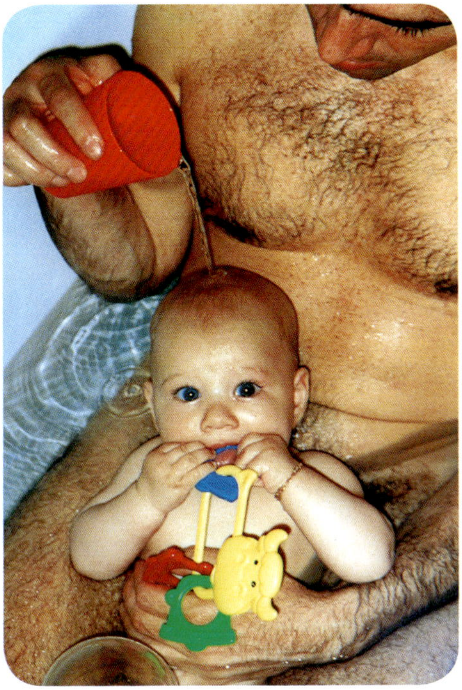

schen, Spielen, Liebkosen und Entspannen werden zu lassen, kann es auch gemeinsam mit Mutter oder Vater und dem Säugling in der großen Badewanne zum Erlebnis gestaltet werden. Ein nasses (nicht überflutetes) Badezimmer sollte keinen Hinderungsgrund darstellen. Dabei können das erste Handling geübt, zu Bewegung angeregt und in schwereloser Entspannung geschaukelt werden. Allgemein hat sich das abendliche Baderitual bewährt, was sich auf das Schlafverhalten des Säuglings günstig auswirkt.

In unserem Kulturkreis baden Eltern erstaunlicherweise ihr Kind häufig nur 1 x wöchentlich. In manchen Kulturen sind tägliche Baderituale keine Seltenheit. Wenn keine hautbedingten Einwände vorliegen, bestehen bei uns keine Bedenken gegen häufiges Baden. Im Gegenteil, der Säugling erhält die Möglichkeit, sich *auszutoben.* Er kann den engen Körperkontakt zu den Eltern genießen, insbesondere zum Vater, da – durch das Stillen bedingt – die Mutter die regelmäßige intensive Körpernähe zum Kind ohnehin pflegt.

Ein junger Säugling wird im Wasser anfangs senkrecht oder in der Rückenlagestellung mit Kopfablage auf der Schulter des Elternteils (s. Kap. 6.2.2 S) gehalten, um ihm das Kopfhalten zu erleichtern. In dieser Haltung kann man seinen Körper ausstreichen, massieren und mit Wasser benetzen, auch um ihn vor dem Auskühlen zu schützen. Hat er sich einigen Minuten an die nasse Umgebung gewöhnt, aktiviert man seinen Kreislauf durch springende Auf- und Abbewegungen im Achselhang, durch Vor- und Rückschwünge oder seitliches Schwenken im vertikal ausgeführten Sandwichgriff (s. Kap. 6.2.2 M) zwischen den eigenen aufgestellten Beinen. Auf den angehockten Knien in Rückenlage abgelegt, kann man den Säugling anschauen und benetzen. Oder man legt ihn sich in Bauchlage auf die Schienbeine, kann ihn mit einer Hand sichern und mit der anderen seinen Rücken bespritzen und seinen Kopf mit Wasser begießen, um ihn zum Bewegen der Arme und Beine zu animieren. Und mit diesem Beträufeln und einem leichten Wasserguss gewöhnt er sich an die Technik des Luftanhaltens. Ein kleiner Becher hilft, die Wassermenge zu dosieren. Dazu beginnt man mit einem Wasserrinnsal und gewöhnt den Säugling ganz allmählich daran, dass ein kleiner Wasserschleier für ungefähr zwei Sekunden über sein Gesicht fließt, und spricht ihn dabei ruhig und ermutigend an. Diese Prozedur sollte etwa 3 x wiederholt werden. Wehrt sich der Säugling deutlich, ist diese Wassergewöhnung abzubrechen (s. Kap. 6.2.3).

Auf beiden Händen in der Bauchlage (Kelch- und Körbchengriff) (s. Kap. 6.2.2 D und E) oder in der Rückenlage (Schleppgriff) (s. Kap. 6.2.2 U) gehalten, kann der Säugling durch das Wasser geschoben und gezogen werden, wobei seine Füße den Wannenrand berühren und dadurch zu Tretbewegungen herausgefordert werden.

Zum Spielen können die vorhandenen Gegenstände wie Waschlappen und Schwämme, bunte Becher usw. eingesetzt werden. Das Kind wird aufmerksam und richtet seinen Blick, kann etwas befühlen, greifen und in den Mund nehmen. So entwickelt es allmählich Fertigkeiten beim eigenständigen Greifen und Interessen, hier zum Spielen.

Vornehmlich für die Wassergewöhnung sollten die Eltern folgende Wasserspielformen ritualisieren:

- Das Bestreichen und Besprenkeln des Kopfs mit Wassers.
- Das Begießen oder Duschen des Kopfs mit Wasser (sehen, fühlen, spüren).
- Das Heranschieben von Wasserwellen an den Körper.
- Das Fingerspiel und Händepatschen auf dem Wasser.
- Das Ziehen und Schieben des Säuglings durch das Wasser.

Das rund 15-minütige Baden im klaren Wasser sollte stets behutsam mit dem Ziel erfolgen, dass sich der Säugling gemeinsam mit Mutter oder Vater im Wasser wohl fühlen und entspannen kann. Ohne Hast, unter ruhiger Zusprache in wechselnden Lagen und Griffen (Herz-an-Herz, Relax, Kopfschale, Armwiege, Kelch, Körbchen) sowie Streichungen des kindlichen Körpers wird der Wasseraufenthalt als freudvolles Ereignis vom Säugling erlebt, das als Einschlafritual und als Bewegungsausgleich dienen kann.

5.3 Durchführungshinweise

Beim Stehen in geringer Wassertiefe (~1,30 m) besteht für den jeweiligen Elternteil die Gefahr, dass der eigene Körper besonders im Schulterbereich durch die nasse Haut auskühlt. Deshalb soll im Wasser stets eine möglichst schultertiefe, vertikale Eintauchposition von den Eltern und ihren Säuglingen eingenommen werden. Darauf ist während des Unterrichts zu achten. Liegt der Säugling bäuchlings oder rücklings, so ist darauf zu achten und hinzuweisen, dass die aus dem Wasser ragenden Körperteile ständig durch Überstreichen benetzt werden. Dies gilt insbesondere für Situationen beim Spielen an den breiten Einstiegsstufen und auf den Schwimmmatten.

Die maximale Aufenthaltsdauer im Wasser hängt für den Säugling grundsätzlich von der Wassertemperatur, dann aber auch von der Häufigkeit des Schwimmens (Gewöhnung), dem Alter, seiner Bewegungsfreude und seiner Tagesform ab und ist daran auszurichten.

Tritt z. B. bei Schlafdefizit, nach überstandener Krankheit, bei Zahnbildung oder Hunger ein vorzeitiges Frieren als deutliches Indiz auf, dann ist es ratsam, die Teilnahme am Unterricht abzubrechen. Um festzustellen, ob der Säugling friert, kann seine Hautdurchblutung überprüft werden, indem mit dem Zeigefinger auf den Unterarm des Säuglings gedrückt wird (Fingerdrucktest). Bleibt die Druckstelle über längere Zeit hell gefärbt, so ist die Hautdurchblutung stark reduziert und deshalb das Wasser zu verlassen und der Körper aufzuwärmen.

An den herzfernen Körperteilen, wie den Händen und Füßen, ist dies durch ein Blasswerden der Haut am ehesten zu erkennen, da sich die Haarbälgchenstruktur noch nicht ausgebildet hat. Frieren wird beim Säugling nicht wie im späteren Alter durch Gänsehaut oder Klappern des Kiefers angezeigt, sondern eher durch eine zusammengekauerte Haltung, einen starren Gesichtsausdruck und eine verringerte Bewegungsfreude sowie eine blasse Haut.

Allerdings kann man bei einigen Säuglingen bereits zu Unterrichtsbeginn ein Zittern des Unterkiefers beobachten, das häufig durch Aufregung hervorgerufen wird.

Nach 20 Minuten lässt die Konzentration und Bewegungsintensität merklich nach. Jede Schwimmstunde sollte mit einem ruhigen Ausklang beendet werden sollte.

5.4 Hygiene und Krankheitsverhütung

Schwimmen dient der Gesunderhaltung des Körpers. Um dabei nicht Gefahr zu laufen, sich durch unsachgemäßes Verhalten unbeabsichtigt zu verletzen oder zu erkranken, gilt es, einige wichtige Grundregeln zu beachten. Diese Sorgfalt kommt im Rahmen des Säuglingsschwimmens den Eltern zu.

Am Schwimmen können selbstverständlich nur Säuglinge teilnehmen, die sich gesundheitlich wohl fühlen. Ob man mit einem Schnupfen zum Schwimmen gehen sollte, ist eine Ermessensfrage, die von den Eltern zu beantworten ist. Anzuraten ist in diesem Fall, Taschentücher am Beckenrand zu platzieren, um dem Säugling mehrmals die Nase putzen zu können, da die warme und feuchte Luft förderlich auf das Abschnupfen wirkt. Auf das Tauchen sollte in diesem Falle verzichtet werden.

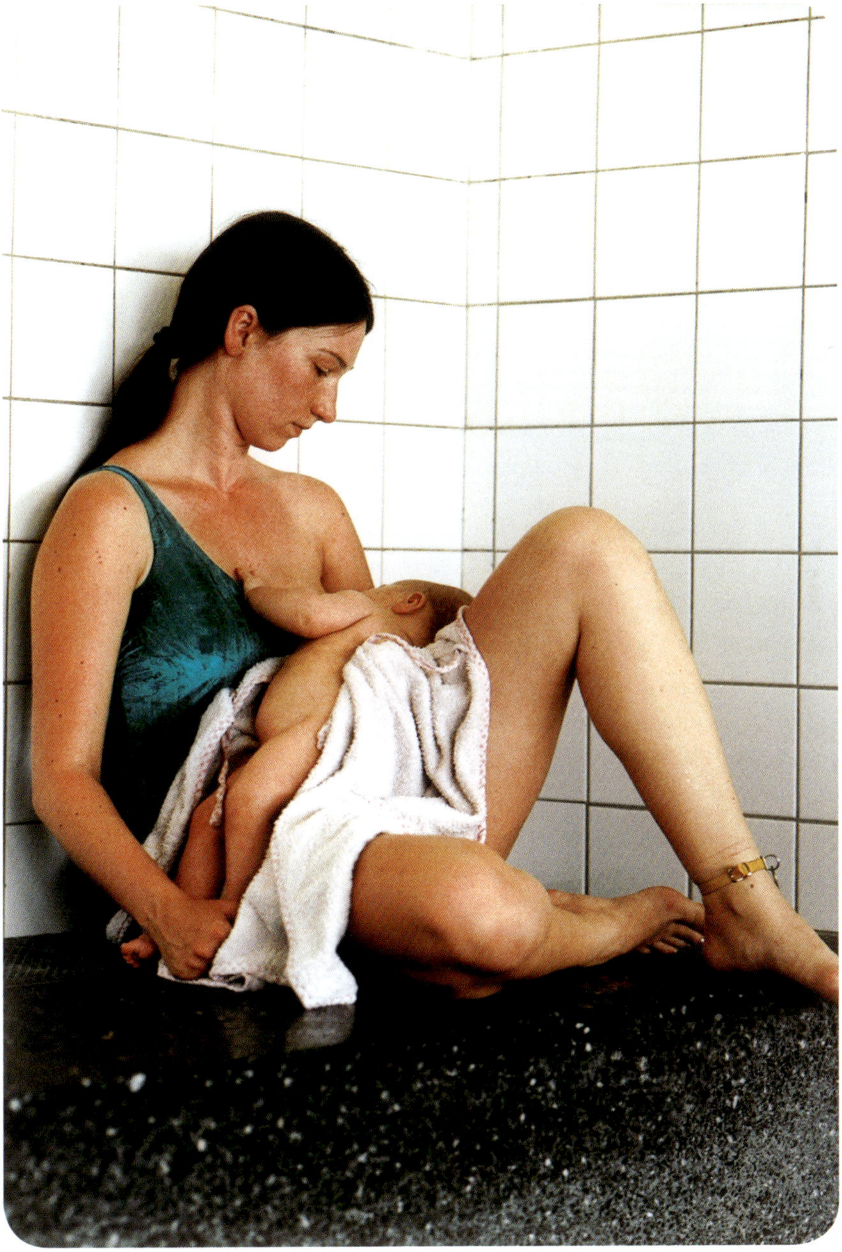

Bevor herumschwimmende, fremde, lange Haare eigenes Unbehagen (insbesondere an Mund und Händen) hervorrufen, tragen alle Badbenutzer die Haare zusammengebunden oder (je nach Badeverordnung) eine Badekappe.

Über das schultertiefe Eintauchen und Benetzen der aufgetauchten Körperteile, um Frieren und Erkälten zu vermeiden, ist bereits in den „Durchführungshinweisen" gesprochen worden.

Trotz der hygienischen Voraussetzungen seitens des Schwimmbades haben alle Badbenutzer selbst mit dazu beizutragen, dass sie nicht selbst die Keimzelle für Krankheiten bilden. Dazu gehört das Gebot eigener Reinlichkeit, beginnend mit dem ganzkörperlichen Duschen (*ohne* Bekleidung) vor Betreten des Schwimmbeckens. Weil der Harndrang meist unmittelbar bei Verlassen des Wassers auftritt, ist es ratsam, das Kind direkt nach dem Duschen in ein Handtuch einzuwickeln und alsbald zu windeln.

Nach Beendigung des Schwimmens sollte die nasse Badebekleidung sofort abgelegt werden. Ein mitgebrachtes Handtuch sollte griffbereit am Beckenrand bereitgelegt werden, um es vor oder nach abschließenden Duschen und Umkleiden umlegen zu können. Auch das anschließende Waschen unter der Dusche ist ein Akt der Hygiene. Mit einem auf den Duschkopf gezogenen Gummischlauch werden Geräusch und Fließgeschwindigkeit des Wasserstrahls verringert. Außerdem treten mit dieser einfachen Konstruktion keine plötzlichen Wasserspritzer auf, die den jungen Säugling erschrecken und das Wohlsein beim Duschen mindern.

Während man vor dem Wassereintritt nur lauwarm duscht, sollten alle Teilnehmer nach dem Wasseraufenthalt warm duschen, um das körperliche Aufwärmen zu beschleunigen.

Das An- und Auskleiden des Säuglings wird vorbeugend im *Zwiebelsystem* vorgenommen, d. h. nach und nach, damit sich der kindliche Körper stückchenweise an die Temperaturveränderungen anpassen kann. Säuglinge frieren und schwitzen nämlich deshalb so schnell, weil ihr Thermoregulationssystem noch nicht vollständig aufgebaut ist. Seitliches Rollen des Körpers auf beide Seiten unterstützt, dass möglicherweise in die Ohren eingedrungenes Wasser wieder ablaufen kann.

Die Säuglinge werden auf einer Wärmebank oder auf dem Boden liegenden Isoliermatten gewickelt und mit einem Body oder einer Strumpfhose angekleidet. Die weitere Kleidung wird erst vor dem Verlassen des Schwimmbads angezogen, um das Überhitzen des Körpers zu vermeiden.

Massierendes Einkremen, warmer Tee oder das Stillen fördern das Aufwärmen des Säuglings. Bevor das Schwimmbadgebäude verlassen wird, sollte man die Ohren mit warmer Luft ausfönen und die Haare trocknen sowie den Kopf bedecken, damit sich der Säugling nicht durch Zugluft erkältet.

5.5 Erste Hilfe, Aufsichts- und Sorgfaltspflicht

Im Schwimmbad sind präventive Maßnahmen zu treffen, um bei Unfällen und Verletzungen schnell reagieren zu können. Um als Kursleiter sachgemäße und schnelle Hilfe leisten zu können, müssen sie unbedingt mit den Maßnahmen der ersten Hilfe vertraut sein.

Spezielle Erste-Hilfe-Lehrgänge für das Säuglingsalter werden von den Wohlfahrtsverbänden und in Kinderkrankenhäusern angeboten. Vor Kursbeginn ist der Schwimmbeckenbereich auf mögliche Gefahrenstellen hin zu überprüfen, der Erste-Hilfe-Schrank auf seine Vollständigkeit und das Telefon auf seine Funktionstüchtigkeit hin zu kontrollieren. Ferner sollte bekannt sein, welche Rettungsgeräte zur Verfügung stehen, wo sich die Notausgänge befinden und welches Krankenhaus für den Ortsbereich im Notfall anzutelefonieren ist.

Für das Lehrschwimmbecken (Wassertiefe bis 1,35 m) muss der Kursleiter die sog. *eingeschränkte Rettungsfähigkeit* nachweisen. Diese umfasst den Besitz des deutschen Schwimmabzeichens (Bronze) (die Fähigkeiten, 10 m weit und 1,35 m tief tauchen zu können, 200 m in höchstens 7 min zu schwimmen sowie die Baderegeln zu kennen) und erste Hilfe leisten zu können. Die Abnahmen führen u. a. die Schwimmverbände, die Deutsche-Lebens-Rettungs-Gesellschaft und die Wasserwacht des Deutschen Roten Kreuzes durch.

Unfälle ereignen sich im Schwimmbad, statistisch betrachtet, äußerst selten. Sie ereignen sich meistens durch Laufen (Rutschgefahr), mangelnde Aufmerksamkeit und Beaufsichtigung, den unsachgemäßen Einsatz von Geräten oder durch organische Vorschädigungen von Personen. Ein Säugling im Liegealter löst, bedingt durch seine eingeschränkte Aktivität, in der Regel weniger Unfälle aus als ein sich fortbewegender Säugling. Allgemein typisch für das Säuglingsalter sind hingegen Erstickungsanfälle durch Verschlucken, Verätzungen oder Vergiftungen, Verbrühungen und Verbrennungen oder Sturzverletzungen.

Was sich beim Säuglingsschwimmen ereignen kann und wie der Kursleiter dem durch ein aufklärendes Gespräch mit den Eltern und durch umsichtiges Verhalten begegnen kann, ist nachfolgend aufgeführt:

- Sturzverletzungen können sich beim Wickeln, Ausrutschen außerhalb des Beckens sowie am Beckenrand oder auf den Einstiegsstufen und bei Sprungsituationen ereignen. Durch bodennahes Lagern des Säuglings beim Wickeln auf weichen Matten, das Tragen von rutschfesten Badeschuhen und das Sichern von Sprungstationen durch Weichmatten ist solchen Unfallgefahren vorzubeugen. Verletzungen im Kopf- und Rücken- bzw. Schulter-, Ellbogen- oder Handgelenkbereich wie Schürfwunden, Zerrungen oder Platzwunden können bei Sprungsituationen entstehen, wenn die Eltern einen unpassen den Sicherheitsabstand einnehmen, sodass das Kind unmittelbar auf sie anstatt zunächst ins Wasser springt. Der Widerstand des Wassers verhindert ihr schnelles Zurückweichen. Beim anfänglichen Springen als Abfaller aus dem Sitz besteht die Gefahr, dass sich das Kind mit dem Rücken oder Kopf am Beckenrand schürft, wenn es sich nicht weit genug nach vorne lehnt. Zur sicheren Ausführung siehe dazu Kapitel 6.2.2. Verletzungen an den Hand-, Ellbogen- oder Schultergelenken können durch falsches Greifen entstehen, wenn die Eltern, statt den Rumpf zu fassen, dem Säugling die Hände reichen und ihn – um sein Untertauchen zu verhindern – an den Händen beim Fallen nach oben reißen. Deshalb sind die Grifftechniken vorher gründlich durch den Kursleiter zu erklären und während der Übungen zu korrigieren.
- Vergiftungen können durch das Trinken großer Mengen Chlorwassers, Seife/Haarshampoos oder Fußdesinfektionsmittels entstehen. Durch sicheres elterliches Handling mit Kopfhaltung des Säuglings über dem Wasser und Beaufsichtigung des Säuglings (im Duschraum) lässt sich das vermeiden. Das Wasser im Schwimmbecken hat im Übrigen Trinkwasserqualität, d. h., das Schlecken von Wasser allein verursacht keine Vergiftung (Wasserintoxikation).
- Erstickungsanfälle können durch das Verschlucken von Kleinteilen auftreten. Diese gelangen in die Atemwege und blockieren teilweise oder vollständig die Lunge. Deshalb ist das Spielmaterial durch den Kursleiter und die Eltern stets auf seine Beschaffenheit hin zu überprüfen. Um Erstickungsunfälle durch plötzliches Hineinfallen oder -stürzen ins Wasser zu vermeiden, bei denen der Säugling mit dem Kopf für längere Zeit unter Wasser gelangt und dann in Luftnot und Panik gerät, hat sich eine erwachsene Begleitperson zum Beaufsichtigen des Kindes stets in dessen Reichweite aufzuhalten. Säuglinge, die sich bereits fortbewegen können, müssen an die Regeln und Signale zur Sicherheit gewöhnt werden, d. h., sie dürfen erst auf den Einstiegsstufen oder dem Beckenrand sitzen und umherkrabbeln oder -laufen, wenn ein Elternteil im Wasser ist und ein Signal zum Hineinspringen gibt.

Die unaufmerksamen Momente der Eltern stellen dann eine Gefahrenquelle dar, wenn die Kinder mit dem Schwimmreifen oder den Schwimmflügeln unbeobachtet und außerhalb der Reichweite der Eltern schwimmen. Dazu eine Anmerkung: Ältere Geschwisterkinder können deshalb nur sehr bedingt in den Kurs integriert werden; empfehlenswert ist in diesem Falle eine zweite Begleitperson. Das eigenständige Umherschwimmen des Geschwisterkindes mit Schwimmhilfen oder sein Warten am Beckenrand ist wegen der eingeschränkten Beaufsichtigung nicht zu vertreten. Erfahrungsgemäß erweitert sich durch den Einsatz von Auftriebs- und Schwimmhilfen der Abstand der Eltern zum Kind, weil sie ihr Kind in scheinbarer Sicherheit wähnen.

Beim Verschlucken von Fremdkörpern (Aspiration), z. B. von festen Kleinteilen oder von Wasser, ist zum Hustenreiz anzureizen. Bei harten Kleinteilen legt man sich das Kind bäuchlings auf die Oberschenkel und klopft 3-4 x auf den Rücken oder bewegt es, flach liegend, an Schulter- und Hüftgelenk gehalten, schockartig zur Kopfseite hin und her, damit der Fremdkörper luftröhrenaufwärts gelangen kann. Verschluckt sich das Kind an Wasser, so setzt das Husten und Niesen reflektorisch ein und befördert das Wasser wieder aus den Luftwegen heraus. Durch körpernahes Herannehmen des Kindes an den eigenen Körper, Blickkontakt, beruhigendes Zusprechen und Stützen am Hinterkopf sowie Klopfen auf den Rücken lässt sich dieser Zustand allgemein schnell beheben.

Liegt ein Ertrinkungsunfall vor, verliert der Säugling das Bewusstsein; kommt ein Atem- oder Herz-Kreislauf-Stillstand vor, ist sofort ärztliche Hilfe zu holen. Bei vorhandener Atmung wird der Säugling sofort außerhalb des Schwimmbeckens in die Seitenlage gebracht und trocken und warm umhüllt gelagert und beruhigt.

Atmet das Kind nach kurzer Beobachtung (Nasenflügel-, Brustkorbbewegungen) und erfolgter Reizsetzung (Ansprechen, Anpusten, Schütteln) nicht, muss sofort nach Freimachen des Mundraums mit dem Mund der Mund-und-Nase-Bereich des Säuglings umschlossen werden und der Säugling 5 x beatmet werden. Die zu beatmende Luftmenge sollte in etwa nur dem Inhalt des Mundraums entsprechen, um Überblähungen der Lunge und des Magens zu vermeiden.

Nachfolgend wird der Puls am Oberarm nicht länger als zehn Sekunden überprüft. Setzt die eigene Atmung nach diesen Initialbeatmungen nicht spontan wieder ein, der Puls ist jedoch vorhanden, wird der Säugling weiter mit einer *Frequenz von 40 Beatmungen pro Minute*, d. h., *alle 1,5 Sekunden 1 x*, weiter beatmet, bis der Notarzt eintrifft oder der

Säugling wieder eigenständig zu atmen beginnt (Puls jede Minute kontrollieren). Dabei fixiert eine Hand den Kopf in leichter Überstreckung (nicht so weit wie beim Erwachsenen) an der Schädeldecke, die andere Hand hält mit zwei Fingern das Kinn.

Ist weder Atmung zu beobachten noch eine Pulswelle zu tasten, steht auch das Herz still. In diesem Fall wird eine Beatmung im Wechsel mit einer Herzdruckmassage auf einer harten Unterlage durchgeführt. Den Druckpunkt für die Herzmassage findet man, indem man den Zeigefinger auf eine gedachte Verbindungslinie zwischen den Brustwarzen auf das Brustbein legt, den Mittel- und Ringfinger daneben und dann den Zeigefinger wieder abhebt, sodass der Brustkorb mit zwei Fingern 30 x rasch hintereinander ungefähr 1,5-2 cm tief senkrecht von oben eingedrückt wird. Die Arbeitsfrequenz sollte in etwa 2 Kompressionen pro Sekunde betragen (ca. 100 Druckbewegungen pro Minute). Der *Arbeitszyklus* von zwei Beatmungen im Wechsel mit 30 Herzdruckmassagen wird so lange weitergeführt, bis der Rettungsdienst eintrifft. Beginnt das Herz wieder zu schlagen, d. h., der Puls ist tastbar, wird nur noch die Beatmung fortgesetzt. (vgl. www.drk.de)

Anmerkung: Beim Säugling lässt sich der Puls allgemein schwer tasten (Hand-, Leisten-, Halsschlagader), weshalb ein tiefes Tasten am Oberarm empfohlen wird, was die Eltern bereits beim Baden üben können.

Bei Ertrinkungsunfällen wird zwischen dem so genannten nassen und trockenen Ertrinken unterschieden. Das *trockene* Ertrinken (10 % der Fälle) geht mit einem Stimmritzenkrampf (Epiglottis-Krampf) einher, d. h. wegen des in den Mund oder Rachen eingedrungenen Wassers verschließt sich die Stimmritze und verhindert ein Eindringen von Wasser in die Lunge. Wird das Kind rechtzeitig gerettet, genügt meist eine Beatmung zur erfolgreichen Wiederbelebung.

Beim *nassen* Ertrinken (90 % der Fälle) wird das Kind erst zu einem späteren Zeitpunkt aufgefunden. Bedingt durch Erschöpfung, hat sich die Stimmritze wieder entkrampft, sodass Wasser in die Lunge und nachfolgend in den Blutkreislauf gelangt ist, was zu lebensgefährlichen Störungen der Herz- und Nierenfunktion führen kann. Für Unfälle in Süßwasser ist eine erfolgreiche Wiederbelebung selbst bei Kindern, die länger als 20 Minuten untergetaucht waren, beschrieben worden. Im Salzwasser ist ein Ertrinkungsfall weitaus gefährlicher und kann nur durch intensivmedizinische Behandlung überlebt werden (vgl. Seiler, 1989).

Generell gilt: Im Falle eines Unfalls muss der Kursleiter überlegt handeln, vor allem nicht kopflos werden und Ruhe bewahren! Die Aufgaben müssen verteilt werden, damit die Rettungskette funktioniert, d. h., eine Person informiert den Rettungsdienst (Telefonnummer: 112) mit Angaben zum Unfallgeschehen (Ort, Anzahl und Alter des Verletzten und Art des Unfalls), eine Person führt die Erste-Hilfe-Maßnahmen durch, eine Person holt Handtücher und eine Unterlage usw. Für den Helfer ist es wichtig, bei der Beatmung auch für sich selbst tief zu atmen, damit keine Kreislaufprobleme auftreten. Um einen Arbeitsrhythmus beim Reanimieren zu finden, bedarf es einer Einarbeitungszeit von 1-2 Minuten.

Der Kursleiter hat für die Dauer des Unterrichts die leitende Aufsichts- und Sorgfaltspflicht, d. h. er belehrt die erwachsenen Teilnehmer über mögliche Gefahren, greift bei deren Missachtung ein, überprüft Gefahrenstellen und achtet auf das Einhalten der Hausordnung und Baderegeln. Er betritt das Schwimmbecken als Erster und verlässt es als Letzter. Während des Unterrichts ist es didaktisch mitunter erforderlich, auch vom Beckenrand aus zu erklären/zu demonstrieren/zu kontrollieren. Die Aufsichtspflicht gegenüber dem Kind tragen die Eltern bzw. die mit der Betreuung beauftragte Bezugsperson. Abzuklären ist stets, ob sich in der Eltern-Kind-Gruppe unter den Eltern Nichtschwimmer oder Schwimmunsichere befinden. In einem solchen Fall ist für eine gesonderte Betreuung im Wasser zu sorgen, obwohl es sich um flaches Wasser handelt.

Die Haftung für eventuell während des Unterrichts an Personen oder Sachen auftretende Schäden ist institutionell unterschiedlich geregelt. Dem Kursleiter wird empfohlen, dies sowohl mit dem Veranstalter als auch mit den Teilnehmern abzuklären bzw. im Kursprogramm oder Arbeitsvertrag zu vereinbaren. Die Haftpflichtversicherung gehört zur Ausstattung jedes Kursleiters.

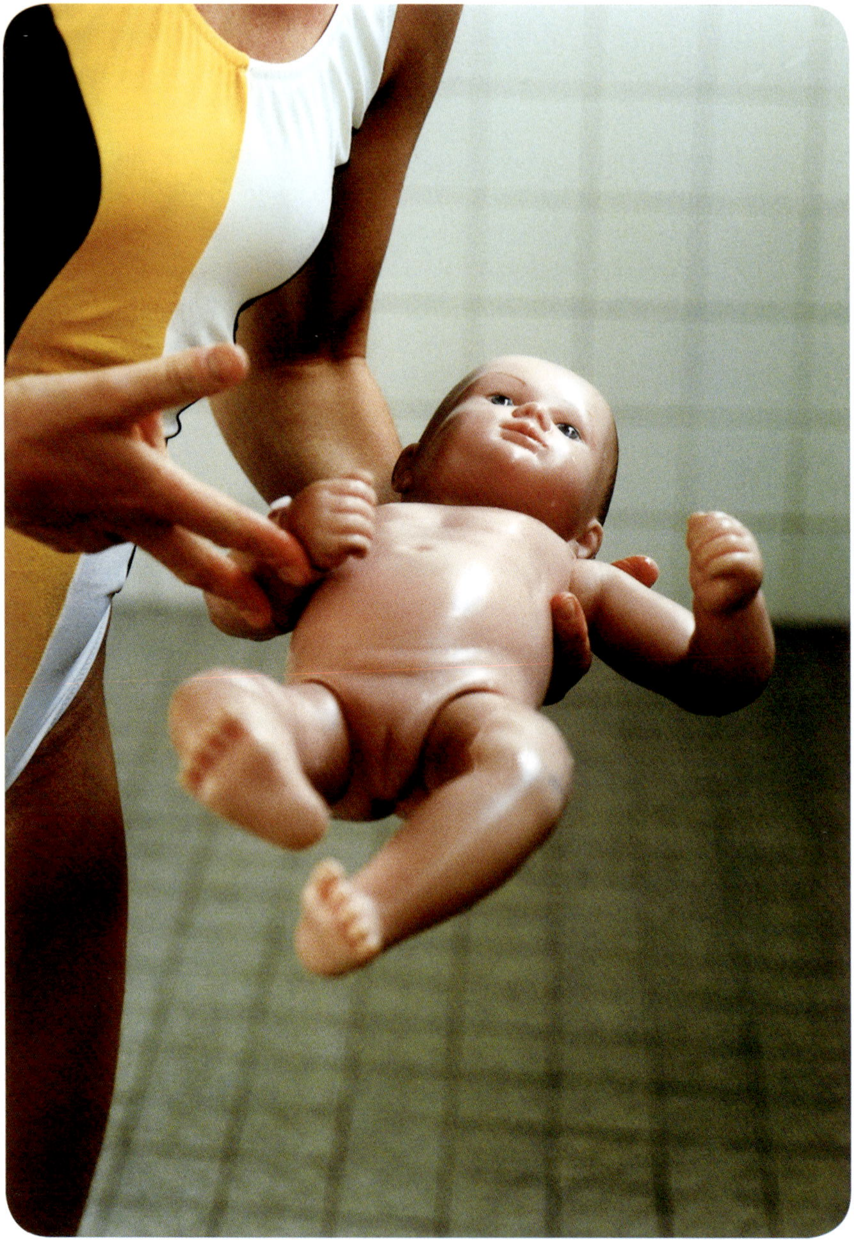

6 Kursinhalte und Durchführung

6.1 Verlauf und Inhalte einer Kursreihe

Eine Kursreihe soll zwar thematisch geplant, jedoch nicht als zwingender Ablauf festgelegt werden, da die Säuglinge, bedingt durch ihr Entwicklungsalter, durch ihre stark tagesformabhängige Aufnahmefähigkeit und emotionale Instabilität sowie durch ihre mitunter unregelmäßige Teilnahme, ganz allmählich daran gewöhnt werden, sich im Wasser wohl zu fühlen und sich darin frei zu bewegen. Sie erhalten ganzheitliche Anregungen[19], die sie auffordern, sich dem Umfeld zuzuwenden. Das Anlernen spezifischer Reaktionen kann zwar angebahnt, aber noch nicht zeitüberdauernd erlernt (zunächst nur gewöhnt) werden, solange der Säugling lediglich einen Teil der Reize aufnehmen und verarbeiten kann. Sein Erinnerungsvermögen hat sich noch nicht vollständig entwickelt.

Vier methodisch-didaktische Prinzipien sind grundlegend für die Stundengestaltung: Die Unterrichtssituationen sollten den Säugling *ganzheitlich, entwicklungsgemäß und gesundheitlich fördern,* und es sollte *wassergemäß* – d. h. in Harmonie mit dem Wasser – gearbeitet werden. Dabei sind die Inhalte im methodischen und zeitlichen Verlauf stets vom Leichten zum Schweren und vom Einfachen zum Komplexen aufzubauen und zu vermitteln. Es gilt, das Eltern-Kind-Spiel *technisch* im Unterricht anzuregen; dabei sind die Eltern ebenso wie die Kinder als Lernende zu betrachten.

Wird ein Kurs mit Neueinsteigern begonnen, so ist mit wenigen Unterrichtsinhalten zu beginnen, damit die Teilnehmer nicht überfordert werden. Um die Gruppe zusammenzuführen und alle Teilnehmer an die Umgebung und den Verlauf zu gewöhnen, ist der Unterricht in langsamem Tempo und mit Kennenlern- und Orientierungsspielen zu gestalten. Der Kursleiter erklärt und begründet seine Anregungen. Er hat sich auf eine Vielfalt von Problemchen einzustellen, die es zu regeln gilt: Anpassungsschwierigkeiten

19 Lerngelegenheiten, die zur Persönlichkeitsentwicklung beitragen, d. h. sowohl die körperlich-motorischen als auch die sozialen, emotionalen und intellektuellen Fähigkeiten herausbilden helfen und die Wahrnehmung sensibilisieren.

des Säuglings, Unsicherheiten der Eltern und zurückhaltende Kommunikation untereinander treten auf, solange sich noch nicht eine gewisse Routine eingespielt hat.

Bei Wiederanmeldern wird der Unterricht fortlaufend – dem Entwicklungsalter der Kinder angepasst – so weitergeführt, dass er auf dem Bekannten aufbaut. Das schließt auch das Wiederholen und Variieren von Inhalten ein. Bei längeren Ausfall- und Urlaubszeiten ist stets eine erneute Eingewöhnung und auch Wiederholung einzuplanen.

Es hat sich eine Unterrichtsplanung bewährt, bei der jeweils ein Schwerpunktthema herausgegriffen wird und ein Spielgegenstand intensiver in seinen vielfältigen Verwendungsmöglichkeiten angeboten wird.

Für 3-6-monatige Säuglinge (Neueinsteiger) kann die Kursreihe folgendermaßen thematisch aufgebaut werden (Muster):

Kursstunde und Schwerpunktthema	Geräte oder Materialien
1. Stunde: Dusch-, Raum-, Becken- und Gruppengewöhnung sowie erste Grifftechniken: *Herz-an-Herz, Gegenüberstellung, Kelch*	Bunte Becher
2. Stunde: Kennenlernspiele und Wassergussmethode sowie Grifftechniken *Körbchen und Relax*	Puppe und Schüsseln
3. Stunde: Eigenschaften des Wassers und Übungswirkungen sowie Grifftechnik *Beintunnel*	Schwämme und Leine mit Klammern
4. Stunde: Wassergewöhnung und Tauchmethoden sowie Grifftechnik *Armwiege*	Puppe und Plastikentchen
5. Stunde: Fortbewegungsanregung und Grifftechnik *Ober-Tablett*	Bälle und Schüsseln
6. Stunde: Eltern-Kind-Interaktion und Grifftechnik *Tête-à-Tête*	Egg-Flips
7. Stunde: Kind-Kind-Interaktion und Grifftechniken *Kran und Armsitz*	Heulrohre
8. Stunde: Gruppenspiel und Kindertausch sowie Grifftechnik *Sandwich*	Bauklötze
9. Stunde: Entspannungsmöglichkeiten sowie Grifftechnik *Wasserwiege*	Poolnudeln und Tücher mit Klemmen sowie Musik
10. Stunde: Wahrnehmungsspiele sowie Grifftechnik *Schlepp*	Topfkratzer und Kosmetikschwämmchen

6.2 Unterrichtsaufbau, -inhalte und kreative -gestaltung

Das Unterrichtskonzept einer einzelnen Kursstunde ist stets vierphasig aufgebaut und soll insgesamt maximal 30 bzw. 45 Minuten[20] betragen:

- In der ersten Phase (ca. fünf Minuten) *akklimatisiert* sich das Kind in der räumlichen Umgebung und seinen Körper überziehenden Milieu Wasser; das Herz-Kreislauf-System wird aktiviert. Der Elternteil geht in engem Körperkontakt mit dem Kind im Schwimmbecken umher, massiert den Körper und bestreicht den Kopf mit Wasser. Die Eltern intensivieren allmählich ihre Bewegungen beim Laufen und Hüpfen und lösen ihr Kind nachfolgend vom eigenen Körper und führen es in die Gegenüberstellung, um mit ihm bewussten Sichtkontakt aufzunehmen. Bei dieser Übung wird durch Heben und Senken des Körpers der Kreislauf aktiviert.
- In der zweiten Phase (ca. fünf Minuten) werden die Gliedmaßen durch Streichen und Schütteln angeregt, damit das Kind sie *bewusster wahrnimmt.* Durch Schwenk-, Schub- und Zugbewegungen gegen den Wasserwiderstand in alle Richtungen werden das Haut-, Bewegungs- und Lageempfinden des Säuglings sensibilisiert und gleichzeitig sein Orientierungsvermögen herausgefordert. Diese Fremdbewegungen zielen ferner darauf ab, den Muskeltonus zu regulieren und die Gelenke geschmeidiger zu machen.
- In der dritten Phase (ca. 15 Minuten) wird das Kind vermehrt angeregt, *sich selbst zu bewegen.* Bei geringstmöglicher Unterstützung durch die elterliche Hand im Brustbeinbereich wird der Säugling mit Wasserspritzern und -strömungen, Berührungsimpulsen an den Fußsohlen oder kurzen passiven Bewegungsführungen der Gliedmaßen zu eigener Tätigkeit angeregt. Mithilfe des Wassergusstests[21] wird die Tauchbereitschaft sowie der Mund- und Atemschlussreflex überprüft und, ausgerichtet am positiven (emotionalen) Verhalten des Säuglings, ein 2-3-maliges Untertauchen für 1-2 Sekunden von den Eltern unter Assistenz des Kursleiters

---

20 Bei Säuglingen bis sechs Monate 30 Minuten, bei Säuglingen über sechs Monate 45 Minuten.

21 Der Wassergusstest überprüft die emotionale Einstellung des Säuglings zum Wasser, indem er durch fließendes Wasser – nicht spritzend – schrittweise an das Medium heranführt [s. Kap. 6.2.3].

durchgeführt. In spielerisch angelegter Form mit möglichem Geräte- und Materialeinsatz werden die Säuglinge – wieder unter Anleitung – durch Stellreflexe und Gleichgewichtsreaktionen in Flug-, Fall-, Greif-, Stütz- und Drehbewegungen herausgefordert, sich motorisch anzupassen. In ausdauernden Spielaufgaben kräftigt sich die Halte- und Bewegungsmuskulatur.

- In der vierten Phase (ca. fünf Minuten) soll das Kind die Möglichkeit haben bzw. befähigt werden, sich zu *entspannen* und seinen Spiel- und Erkundungsdrang zu befriedigen. Das Kind kann ohne Vorgaben seinen Interessen nachgehen und sollte auch nicht gestört werden. Durch Schaukel- und Wiegebewegungen in der Rückenlage oder eine angelehnte Sitzhalte des Säuglings werden das Herz-, Kreislauf- sowie das Atmungssystem beruhigt, die Reize allmählich zum Ausklingen des Unterrichts reduziert.

Beispiele für Inhalt und Ablauf:

Erste Stunde:

Dusch-, Raum-, Becken-, Gruppengewöhnung

Material:
Bunte Becher

Anmerkung:
Zu Unterrichtsbeginn sollten kurze Erklärungen zum nachfolgenden Ablauf, zum Verhalten bei Unwohlsein des Säuglings im Wasser und Hinweise zum Duschen, Pflegen und zum Ankleiden gegeben werden. Wie geduscht werden kann, ob sitzend, stehend oder mithilfe einer Wanne und mit dem Schlauch, sollte demonstriert und das hygienische Verhalten im Schwimmbad erklärt werden. In den ersten Stunden sollte dem Säugling deutlicher Körperkontakt gegeben werden, damit er sich in der fremden Umgebung sicher fühlt.

Legende:
BL = Bauchlage
E = Eltern
K = Kind
KL = Kursleiter
RL = Rückenlage
TN = Teilnehmer
re = rechts, li = links
vw = vorwärts, rw = rückwärts

Phase/Zeit	Ziel
1 5 min	Raumgewöhnung
5 min	Kennenlernen der TNy
2 5 min	Wassergewöhnung Gusstest mit Becher
3 5 min	Stimulieren der Beinbewegung des K durch Berührung Eigenbewegung des K
4 10 min	Freies Spiel Ausklang

Inhalte/Methoden	Organisation	Didaktischer Kommentar
Herz-an-Herz/Armsitz: Beckenwanderung, „hoch und tief" (bis zu den Schultern eintauchen), Griffe variieren.	Jedes EK-Paar für sich	Freies Blickfeld für das K, Bewegung sprachlich begleiten. E+K auf gleicher Kopf-/ Blickhöhe.
Spielform: „Wir wandern, wir wandern von einem Ort zum anderen und treffen jemand anderen" (Namensaustausch). a) Umschlingung (Blick, Hände berühren) b) Relax (Füße berühren)	EK-Paar trifft EK-Paar	E nehmen Blickkontakt zum K auf. Kontaktaufnahme mit anderen (Blick, Sprache, Berührung).
Umschlingung: „Es regnet, es regnet, die Schultern werden nass, wir tröpfeln mit Wasser, das macht uns großen Spaß" (Variation: z. B. Köpfchen, sprenkeln, schöpfen).	Kreis	E beobachten K.
Mit dem Becher Hände, Füße, Bauch, Kopf übergießen, wenn K aufmerksam (ca. 3 x).	EK-Paar für sich	Blick des K einfordern (Namen rufen, Geräusch erzeugen).
Relax (Sitzlage): E schieben K auf den Beckenrand zu und ziehen sie wieder weg (Variation Bauchlage: Kelchgriff).	Reihe am Beckenrand	E begleiten Bewegung verbal („uuund, dock") und beobachten die Füße.
E ziehen K rückwärts gehend durch das Wasser (Variation: Ziehen mit seitlichem Schlingern, Ziehen und Schieben (vw/rw)).		KL demonstriert Kelchgriff. Wichtig: Schultern nicht einengen, Blickkontakt, Handwurzelballen unterstützen Kinn. KL begießt K mit Wasser.
Relax: Anbieten der Becher (Fingerhut-, Fußhutspiel).	Offen	KL nimmt Kontakt zu EK-Paaren einzeln auf,
Abschlusslied	Kreis	verabschiedet alle.

Zweite Stunde:

Vermitteln der wichtigsten Griffe

Material:
Schüsseln, Puppe, Plastikenten

Anmerkung:
Zu Unterrichtsbeginn sollte der Inhalt der letzten Stunde kurz in Erinnerung gerufen werden. Das Duschen und Hineingehen ins Wasser sollte wiederholend angeleitet werden. Außerdem sollte das kindliche Befinden nach der ersten Stunde erfragt werden (z. B. Schlafverhalten).

Legende:
BL = Bauchlage
E = Eltern
K = Kind
KL = Kursleiter
RL = Rückenlage
TN = Teilnehmer
re = rechts, li = links
vw = vorwärts, rw = rückwärts

Phase/Zeit	Ziel
1 5 min	Raumgewöhnung Kreislauf anregen
5 min	Kontakt zu anderen TN Namen vorstellen
2 5 min	Wassergewöhnung
	Lockerung der Beine und Arme
	Gusstest
3 5 min	Eigenbewegung des K anregen
	Gusstest
4 10 min	Singen Einführen des Materials Freies Spiel
	Ausklang

Inhalte/Methoden	Organisation	Didaktischer Kommentar
Beckenwanderung im Herz-an-Herz-Griff: „Wir wandern, wir wandern und treffen uns am ‚roten' Beckenrand" (Variation: gelb, grün, Einstiegstreppe usw. Wir fliegen, wir hüpfen zum Beckenrand, Gegenüberstellung.).	Beckenrand z. B. mit farbigen Schwimmbrettern markieren.	Freies Blickfeld für das K, E machen auf Wasser/Beckenrand aufmerksam. E+K auf gleicher Kopf-/ Blickhöhe, E-K-Blickkontakt.
„Hallo, Lotta, hallo, Lotta, wir schwingen auf dich zu, hallo, Lotta, hallo, Lotta, erst wir und dann du", Trophäe (vertikal).	Ein EK-Paar im Kreis, Außenkreis bewegt sich auf Paar zu/ vom Paar weg.	Kontaktaufnahme mit anderen (Blick, Sprache, Berührung), Namen der Eltern nachfolgend vorstellen.
Umschlingung: Was-ser-wel-len (3 x) ziehen die E den ausgestreckten Arm vor sich durch das Wasser, schieben die Wellen dem K an Brust, re/li Schulter und tröpfeln Wasser über Kopf des K.	Kreis	E und KL sprechen zur Bewegung, beobachten das K.
Relax: „Wie das Schiffchen auf dem Meer, schaukelt hin und schaukelt her" (RL: Beine vom Wasser anströmen lassen, Variation BL: Arme anströmen lassen).	Kreis	E drehen ihren Oberkörper nach re/li.
Umschlingung: Mit der Schüssel Hände, Füße, Bauch, Kopf des K übergießen (ca. 3 x).	EK-Paar für sich, KL geht von Paar zu Paar.	E und KL beobachten das Verhalten des K.
Kelch/Körbchen: E ziehen K rückwärts gehend. KL spritzt auf die K-Rücken oder wühlt Wasser unterhalb der Körper auf.	Verteilt im Becken, eine Bewegungsrichtung. An KL vorbei (Tunnel).	KL demonstriert und korrigiert Griffe. E fordern K zur Bewegung auf.
KL überprüft Aufmerksamkeit des K und gießt Wasser über den Kopf (ca. 3 x).		KL demonstriert und erklärt Gusstest (Puppe).
Umschlingung: „Alle meine Entchen", E führen die Ente vor den Augen des K hin und her, heran und weg (Kitzelspiel), hoch und tief, bieten die Ente an. Variationen/Anregungen: „Ententreiben", „Entenfangen", „Ententanz" um die Ente.	Verteilt im Becken	KL schlägt Spiel vor und nimmt nachfolgend Kontakt zu EK-Paaren einzeln auf.
Abschlusslied	Kreis	KL verabschiedet alle.

Dritte Stunde:

Vertiefen der Gusstechnik,
Demonstrieren der Tauchtechnik

Material:
Schüsseln, Gummiringe,

Schwimmmatten

Anmerkung:
Den Unterrichtsbeginn (Raumgewöhnung) können die TN selbstständig durchführen. Anschließend wird ein Kreis gebildet, um miteinander ins Gespräch zu kommen und zum Gruppenspiel anzuleiten.

Legende:
BL = Bauchlage
E = Eltern
K = Kind
KL = Kursleiter
RL = Rückenlage
TN = Teilnehmer
re = rechts, li = links
vw = vorwärts, rw = rückwärts

Phase/Zeit	Ziel
1 5 min	Kreislauf anregen
5 min	Kontakt zu den Nachbarn aufnehmen (rechts und links)
2 5 min	Wassergewöhnung
	Lockerung der Beine und Arme
3 5 min	Eigenbewegung des K anregen
	Gusstest
4 10 min	Einführen des Materials Entwickeln des freien Spiels
	Ausklang

Inhalte/Methoden	Organisation	Didaktischer Kommentar
Umschlingung/Gegenüberstellung i. W.: „Herschau'n, hallo (3 x), jetzt fangen wir alle an. Fangen an zu schwingen (3 x), ...". Variation: Tanzen, drehen. Trophäe (vertikal): „1-2-3 Kuddelmuddel".	Kreis	Freies Blickfeld für das K,E+K auf gleicher Kopf-/ Blickhöhe.
Trophäe (vertikal); „Hallo, Nachbar, hallo, Nachbar, wir kommen auf dich zu, hallo, Nachbar, hallo, Nachbar, erst sind wir fern, dann sind wir nah im Nu."	Quer durch den Kreis Zwei EK-Paare (re/ li Nachbar) wenden/ bewegen sich aufeinander zu (Wdh. li/re Nachbar).	E nehmen Blickkontakt zu einem anderen K auf. Kontaktaufnahme mit anderen (Blick, Sprache, Berührung). Namen austauschen.
Umschlingung: „Es tröpfelt, es regnet, es stürmt." E spielen mit den Fingern auf dem Wasser, sprenkeln Wasser über den Kopf des K und wühlen mit dem ganzen Arm das Wasser stark auf.	Kreis, KL in Kreismitte	E und KL sprechen zur Bewegung, Oberkörper drehen.
Relax: „Wenn diese Beine munter sind, dann zappeln sie herum, sie strampeln dann im Wasser 'um, heidide-wide-bum." Variation Beintunnel: Arme führen.	Kreis	E führen die Beine/ Arme des K, geben ihm Zeit zur Eigenbewegung.
Kelch/Körbchen: E ziehen K rw gehend und schieben das K mit den Füßen vo-ran an die Wand („Einparken"). Variation: Ober-Tablett-Griff.	Verteilt im Becken	KL demonstriert und korrigiert Griffe. E fordern K zum Bewegen auf.
KL spritzt auf die K-Rücken oder wühlt Wasser unterhalb des Körpers auf. KL überprüft Aufmerksamkeit des K und gießt Wasser über den Kopf (ca. 2 x), je nach GT-Reaktion, kurzes Untertauchen.	Rundlauf mit Tunnelweg am Beckenrand entlang	KL demonstriert und erklärt Gusstest und das Tauchen anhand der Puppe. KL und E beobachten das Verhalten des K.
Mattentreff: E halten K in Umschlingung, klopfen/ schieben Wasser auf Matte. Relax: Beine des K auf Matte legen, wegziehen, dagegen treten lassen. Hände des K auf Matte, berühren und weg. Armring: Hände der E am Mattenrand festhalten, Ringe für K auf die Matte zum Spielen.	Um die Matte(n) verteilen	KL nimmt Kontakt zu EK-Paaren einzeln auf.
Abschlusslied	Kreis	KL verabschiedet alle.

6.2.1 Grundbewegungs- und Organisationsformen im Wasser

Um das Eltern-Kind-Schwimmen variationsreich zu gestalten, sollte man sich der Vielzahl von bekannten Bewegungsmöglichkeiten bewusst sein, die ins Wasser übertragbar sind. Eltern können sich im Wasser gehend, laufend, hüpfend, galoppierend, twistend, springend, drehend fortbewegen und die Bewegungsrichtungen vor-, rück- und seitwärts sowie auf- und abwärts variieren. Diese Richtungen können verändert werden durch bestimmte räumliche Vorgaben (z. B. Kurven, Achterkreise, Schleifen) oder Veränderungen, welche der Dynamik (z .B. kraftvoll-leicht), dem Tempo (z. B. schnell-langsam) und der Rhythmik (z. B. kurz-kurz-lang) unterliegen. Das Kind erfährt durch das Mitbewegtwerden verschiedene Bewegungsrhythmen und wird in seiner Orientierungsfähigkeit geschult. Lieder, Sprechtexte oder Musik (z. B. per Musikrekorder) unterstützen rhythmisch die Koordination der Bewegung.

Um den Unterricht in der Gruppe aufzulockern, zu variieren und zielgemäß zu gestalten, können verschiedene Organisationsformen ausgewählt werden:

- Im sog. *freien Raum* ist ein zwangloses Bewegen möglich, wenn sich die Eltern vor- oder seitwärts bewegen und dabei ihren Blick in die Bewegungsrichtung wenden. Bei Grifftechniken mit Rückwärtsgehen der Eltern ist es empfehlenswert, die Bewegungsrichtung vorzugeben, um so Zusammenstöße zu verhindern.
- Der Kreis eignet sich besonders für das Einstimmen und den Ausklang des Unterrichts sowie für Sog- und Strömungsspiele.
- Die Paarform (Elternteil-Kind) ermöglicht intensiven Blickkontakt und Mimik- und Körperspiele.
- In der *Gassenaufstellung* kann der Kind-zu-Kind-Kontakt durch paarweises Gegenüberstellen der Eltern-Kind-Paare intensiviert werden. Bei Spielformen beiderseits einer mittig gespannten Leine empfiehlt sich eine versetzte Gassenaufstellung.
- In der *Schlange* aufgestellt, können Berührungs- oder Reiterspiele am Rücken des vorangehenden Elternteils ausprobiert werden. Die Schlange kann bei Laufspielen in die *Schneckenform* übergehen, sodass sich alle Teilnehmer näher kommen.
- Am *laufenden Band* kann ein Stationsbetrieb (bzw. Parcours) – der Schwimmbeckenform entsprechend – aufgebaut werden, an dem sich sowohl die Eltern als auch die Kinder orientieren können. Gegenverkehr ist dabei nicht zu befürchten.
- Über die *Diagonale* oder im gegenläufigen *Doppelkreis* wird es möglich, alle Kinder und Eltern einzeln zu begrüßen.

- Am Beckenrand oder an der Einstiegstreppe passt die *Reihenaufstellung*. Je nach Übung ist auf einen ausreichenden Abstand hinzuweisen, indem die Eltern-Kind-Paare an zwei gegenüberliegenden Seiten arbeiten und sich gegebenenfalls im *Reißverschlussprinzip* aufstellen.
- Eltern-Kind-Paare können in Kleingruppen gemeinsam spielen und – nach einer Phase des Kennenlernens – einen kurzen gegenseitigen *Kindertausch* vornehmen.

Um den Eltern mit ihren Kindern Orientierungshilfen zu geben, ist es methodisch geschickt, Hilfsmittel einzusetzen, z. B. Markierungshütchen, Seile, Mattentunnel, Leinen, bunte Bretter. Sie vereinfachen das Erklären und sind unübersehbar.

Das Griffe-ABC

6.2.2 Das Griffe-ABC

Halte- und Tragegriffe stellen beim Säuglingsschwimmen ein wesentliches Unterrichtselement dar. Mit dem Erklären und Einüben der Griffe wird den Eltern der sichere Umgang mit ihrem Kind im Wasser vermittelt.

Das Kind, das als Nichtschwimmer auf die Unterstützung und Aufsicht im Wasser angewiesen ist, soll sich durch die Tragkraft der elterlichen Hände sicher und geborgen fühlen, damit es das Erlebnisfeld Wasser angstfrei und mit Wohlbefinden erfährt. Nur aus einer sicheren Position heraus wird das Kind von sich aus neugierig werden und seine Umwelt entdecken wollen.

Im Wasser herrschen andere physikalische Bedingungen als an Land. Die Auftriebskraft erleichtert dem Kind die muskuläre Halte- und Bewegungsarbeit in der horizontalen Lage. Allerdings stellt das ausdauernde Halten des Kopfs über der Wasseroberfläche für das Kind auf Grund seiner Körperproportionen, fehlender Muskelkraft, unkoordinierter Massebewegungen und Orientierungsschwierigkeiten eine große Leistung und Anstrengung dar. Damit die kindliche Kopfhaltung gesichert und erleichtert wird, ist das Kind in einer diagonalen Lageposition (45°) nach vornüber zu halten. Die Hand wird unterhalb des Brustbeins positioniert, wo sich der Massenmittelpunkt befindet.

Diese Stellung eröffnet dem Kind einen freien und dreidimensionalen Bewegungsraum, erleichtert seine Aufrichtbestrebungen und vergrößert seinen Wahrnehmungsradius. Das Kind liegt verhältnismäßig ausdauernd und gerne in dieser Position.

Griffkriterien

Griffe sollen das Kind sichern, d. h. die mangelnde Auftriebs- und Fortbewegungskraft des Kindes muss durch die elterliche Hand ergänzt werden. Der Kopf des Kindes soll sich deutlich über der Wasseroberfläche befinden (kein Wasserschlucken), ohne dass sich das Kind überstrecken muss (keine Querfalten am Rücken, die Füße im Wasser).

Der Haltegriff ist so fest anzusetzen, dass sich das Kind *gehalten* fühlt, jedoch so locker, dass der Griff den Körper und seinen Bewegungs- und Aktionsraum nicht einengt (insbesondere im Schulterbereich).

Die muskuläre Haltearbeit der Eltern soll dem Auftrieb des Wassers und den eigenständigen Halte- und Bewegungskräften des Kindes angepasst werden. Die Griffe werden entsprechend der motorischen Entwicklung des Kindes eingesetzt und sollen seine bevorzugte Lage berücksichtigen.

Bis zum sechsten Monat kann das Kind noch nicht ausdauernd in der Bauchlage liegen; es fühlt sich in der Rücken- und Seitlage auch sehr wohl. Mit Beginn der Vertikalisierung bevorzugt das Kind die nahezu aufrechte Position, sodass man das Kind *stehend* halten sollte. Im zweiten Lebenshalbjahr lehnt das Kind vermehrt die Rückenlage ab und kann sich bereits sehr ausdauernd in der horizontalen Bauchlage bewegen.

Der Schwierigkeitsgrad der Griffe ist im Unterricht methodisch aufzubauen, damit Eltern und Kinder nicht überfordert werden. Die beidhändigen Griffe sind als leichte und sichere Griffe zu Kursbeginn zu üben bzw. anzuwenden, die einhändigen Griffe erst nach einiger Zeit des Zutrauens und sicheren Umgangs mit dem Kind.

Griffe, die mehr Muskelkraft und Konzentration erfordern, sind mit einfachen und leichten Tragemöglichkeiten abzuwechseln, um nicht selbst zu ermüden oder zu verkrampfen.

Auf das Eintauchen der Körper der Eltern bis zu den Schultern ist ausdrücklich zu achten. Die gleiche Augenhöhe von Eltern und Kind ist wichtig. Sie vermittelt Nähe, Sicherheit und Vertrauen (Ausnahmen: Rückenlagepositionen des Kindes). Die Eltern haben ihren Blick auf das Gesicht des Kindes zu konzentrieren, um seine Blickrichtung und sein Empfinden angemessen kontrollieren zu können.

Grifftechniken und -bezeichnungen

Es wird zwischen beidhändigen und einhändigen Grifftechniken in der Bauch- oder Rückenlage und in der Sitz- und Standhalte des Kindes unterschieden. Die Seitlage wird nur als Übergangslage beim Handling oder als Übung zur Gleichgewichtsstimulation eingesetzt.

Die Eltern haben die Aufgabe, das Kind mit den Händen und mit dem Blick zu sichern, unabhängig von ihrer Stellung zum Kind: frontal, seitlich oder rückwärtig.

Alle Griffbezeichnungen beschreiben die Stellung zum Kind und den Unterstützungspunkt am Körper. Sie sind eigens für die Kurspraxis mit einem bildlichen Kurzbegriff formuliert. Die Beschreibung und bildliche Darstellung sind bewusst z. T. spiegelbildlich erfolgt, um die praktische Anwendung je nach Händigkeit (links oder rechts) dem Ausführenden zu überlassen.

Die Griffe werden stets aus der Grundposition der Gegenüberstellung heraus beschrieben und bebildert. Linkshänder verfahren entsprechend spiegelbildlich. Neben den altersspezifischen Voraussetzungen werden das Handling, die Vor- und Nachteile des Griffs sowie Spielanregungen im Einzelnen ausgeführt.

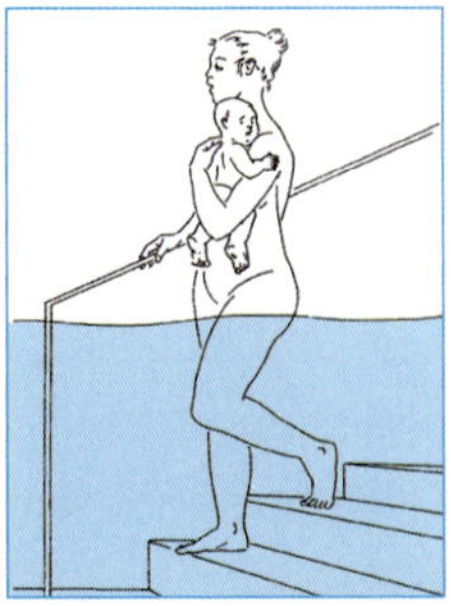

A Frontaler Armtragegriff – „Herz an Herz“

Alter für die Anwendung

Der frontale Armtragegriff eignet sich zum Einsteigen ins Schwimmbecken mit Säuglingen unter sechs Monaten. Kinder diesen Alters bedürfen noch der Körper- und Kopfstabilisation und des Hautkontakts, was durch die großflächige Auflagefläche am Körper gegeben ist. Bei älteren Säuglingen wird diese Position zu Unterrichtsbeginn nur selten eingenommen, denn sie drängen dazu, sich sofort dem Wasser zuwenden zu können, und werden auch wegen ihres Körpergewichts bereits im Hüftsitz mit Blick zum Wasser getragen (s. Grifftechnik B).

Handling

Die Kinder werden frontal auf die Brust des Erwachsenen gelegt, sodass sie über die Schulter des Erwachsenen schauen können. Es empfiehlt sich, das Kind etwas seitlich zu tragen, um die andere Hand zum Festhalten am Einstiegsgeländer zu benutzen. Der Unterarm drückt den kindlichen Körper an die elterliche Brust; die Ellenbeuge befindet sich dabei auf Gesäßhöhe des Kindes; die Hand stabilisiert breit gefächert den Kopf- und Schulterbereich des Kindes. Die Kinder genießen es vermehrt, auf der Herzseite getragen zu werden, weil sich durch den engen Hautkontakt der Herzschlag erspüren lässt und Körperwärme übertragen wird, die Geborgenheit und Verbundenheit vermittelt (vgl. Abb. 1).

Anwendung

Auf Grund des engen Hautkontakts wird das Kind behutsam an die fremde Umgebung gewöhnt. Die Eltern gehen mit ruhiger Zusprache im Becken umher, sodass das Kind verschiedene visuelle Beobachtungsmöglichkeiten hat und die Körper sanft vom Wasser umspült werden. Je nach Einstiegsmöglichkeit und Wassertiefe des Beckens werden die Körper schrittweise bis zu den Schultern eingetaucht. Während der eine Arm das Kind hält, kann die andere Hand den Rücken des Kindes nass streichen und wie selbstverständlich leicht massieren.

Vor- und Nachteile des Griffs

Eltern mögen diesen Griff wegen der reduzierten Bewegungsaktivität des Kindes zwar als nachteilig empfinden. Er bewährt sich jedoch in den ersten Stunden deshalb, weil er einen Stundenbeginn mit bewusst viel Körperkontakt ermöglicht, der Verhaltenssicherheit zwischen Eltern und Kind erzeugt. Dieser Griff sollte zum Ritual werden, indem er ständig zum Einstieg in die Unterrichtsstunde angewandt wird. Bei jüngeren Kindern bewährt sich die Kopf-an-Kopf-Position als vorteilhafte Kopfstabilisation. Der Griff fixiert den Oberkörper, nicht jedoch die Beine. Das Kind kann die Umgebung durch den Blick über die Schulter des Elternteils beobachten und zeigt durch sein Verhalten den Eltern an, wann der Zeitpunkt gekommen ist, sich aus der behütenden, engen Haltung herauszulösen, und signalisiert somit seine Bereitschaft zu Aktivität. Es richtet sich nämlich auf, hebt den Kopf an und dreht den Oberkörper auf.

Anmerkungen

Die Eltern sind darauf hinzuweisen, das Kind auf ihrer Kopfhöhe zu tragen, sodass dessen Sicht nicht eingeschränkt wird. Der Körper soll ganz langsam ins Wasser eingetaucht werden, weil das Kind auf Brusthöhe kurzfristig durch den Wasserdruck und die Temperatureinwirkung zu vertieftem Atmen stärker angeregt wird.

Spielanregungen

- Hin und her: Seitliches Wiegen, dabei bis zur Wange seitlich eintauchen und summen.
- Hoch und tief: Langsames Auf- und Niederbewegen, dabei bis zu den Schultern eintauchen und sprachlich begleiten („1-2-3", tief, „1-2-3", hoch).
- Bewegungsvers: „Jetzt gleich dreh'n wir uns um, jetzt gleich mach'n wir uns krum, jetzt schon steh'n wir wieder grad, und der Tanz ist aus, wie schad."

Abb. 1

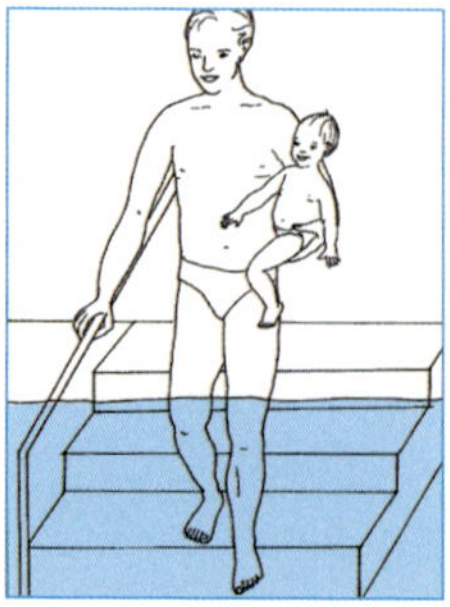

B Einhändiger seitlicher Armtragegriff Im Hüftsitz – Klammeräffchen

Alter für die Anwendung

Dieser Griff wird ab dem zweiten Lebenshalbjahr angewandt.

Handling

Der Tragende setzt sich das Kind mit gegrätschter Beinstellung seitlich auf die Hüfte, sodass dessen Oberkörper dabei nach vorne gerichtet ist und beide Arme vor der Brust des Tragenden frei hantieren können. Wird z. B. das Kind auf der linken Hüfte getragen, so greift die linke Hand den linken Oberschenkel des Kindes (Henkeltragehaltung) oder um die Taille des Kindes. Der rechte Arm ist zum Hantieren frei (vgl. Abb. 2).

Anwendung

Dieser Griff eignet sich zum Einsteigen ins Schwimmbecken bei wassergewöhnten Kindern, wenn breite Treppenstufen zum Einstieg vorhanden sind.

Abb. 2

Vor- und Nachteile des Griffs

Die Kinder haben freie Sicht zum Wasser und können das Einsteigen ins Becken visuell mitvollziehen. Der Erwachsene hat eine Hand zum Sichern am Einstiegsgeländer frei. Nachteilig ist, dass die Beine des Kindes bei weiter Spreizung fixiert sind und durch frontale Armhaltung kein enger Hautkontakt möglich ist.

Anmerkungen

Es ist darauf zu achten, dass das Kind beide Arme vor dem Körper des Erwachsenen hält, damit ein Zurückziehen der Schultern (Retraktion) vermieden wird.

Spielanregungen

- Mit der freien Hand auf das Wasser aufmerksam machen und dabei Wasserspritzspiele ausführen (tröpfeln, patschen, aufschäumen und -wühlen, Wellen hin- und herschieben).
- Mit den Fingern der freien Hand auf dem Wasser und zum Bauch des Kindes laufen und kitzeln („1-2-3, quieck, geht ein Mann die Treppe rauf").
- Mit der freien Hand die Hand des Kindes nehmen und tanzen (Hüft- und Handwechsel).
- Hände und Füße begrüßen (z. B. Liedvers: „Wir woll'n euch begrüßen und machen das so – hallo (patsch, patsch) hallo (patsch, patsch)".
- Weitere Sing- und Fingerspiele (z. B. „Regentropfen, die auf mein Köpfchen tropfen").

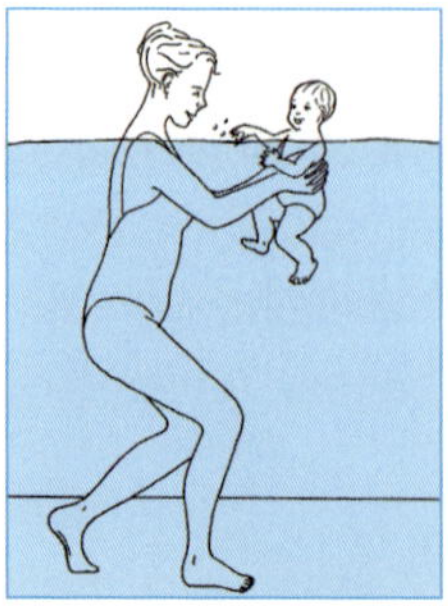

C Beidhändiger frontaler Taillengriff in vertikaler Position des Kindes – Gegenüberstellung

Alter für die Anwendung

Die Hände sind aufzustellen und unter den Achseln des Säuglings unter vier Monaten so zu positionieren, dass die Fingerspitzen (Zeige- und Mittelfinger) in den Nacken des Kindes reichen, um ein Rückfallen des Kopfs wegen mangelnder Kopfkontrolle zu verhindern. Bei älteren Säuglingen werden die Hände breit gefächert an den Körperseiten des Kindes angelegt, sodass sein Rumpf am Brustkorb stabilisiert wird und die Schultern frei beweglich bleiben. Wenn der Rumpf des Kindes gewachsen, also länger geworden ist, wird das Kind nur noch über der Hüfte in der Taille gehalten.

Handling

Aus dem frontalen Armtragegriff wird das Kind mit beiden Händen an den Körperseiten gefasst und vor dem Körper auf gleicher Blickhöhe gehalten. Die Finger liegen breit gefächert auf Höhe der Schulterblätter. Bei jüngeren Kindern reichen die Finger bis in den Nacken hinauf, bei älteren Kindern nur bis an den unteren Rand der Schulterblätter. Die Daumen liegen locker auf Höhe der unteren Rippenbögen auf (vgl. Abb. 3).

Anwendung

Dieser Griff wird in der Akklimatisationsphase verwandt. Er wird bei Schwungübungen gegen den Wasserwiderstand in alle Bewegungsrichtungen eingesetzt, sodass verschiedene Körperbereiche angeströmt werden. Diese Übungen dienen der Körperwahrnehmung und der Muskeltonusregulierung. Möchte man den Strecktonus des Kindes reduzieren, so wird das Kind um 90° vor dem Körper gedreht und nach rechts und links geschoben, sodass der Rücken des Kindes angeströmt wird. Zur Reduzierung des Beugetonus lässt man die Bauchseite des Kindes entsprechend vom Wasser anspülen. Beim Auf- und Niederheben (Hüpfen) des Kindes vor dem Körper wird das Herz-Kreislauf-System angeregt und die Beine werden gelockert. Durch verschiedene Eintauchtiefen variiert man die Wirkung.

Vor- und Nachteile des Griffs

Die Hände rutschen nach einiger Zeit in den Achselbereich des Kindes, sodass die Schultern und Arme des Kindes hochgeschoben werden. Bleibt der Griff zu lange und stark fixiert, so wird der Blutstrom der Arme behindert. Deshalb muss der Griff zwischenzeitlich korrigiert werden, indem die Hände erneut über der Hüfte positioniert werden.

Anmerkungen

Bei Säuglingen, die noch keine stabile Kopfhaltung besitzen, sollte man mit den Fingerspitzen den Hinterkopf bzw. Nackenbereich sichern, um ein plötzliches Rückfallen des Kopfs zu verhindern.

Spielanregungen

- Lieder: z. B. „Komm", mein Kind, jetzt tanzen wir" oder: „Es tanzt ein Bi-Ba-Butzelmann".
- Bewegungsvers: „Einmal hoch und einmal tief, einmal gerade, einmal schief".
- Vorrückschieben: „Ganz weit weg – ganz nah ran" (mit Pusten, mit Blubbern).
- Hüpfen: „Alle Englein fliegen hoch".
- Kreisförmig vor dem Körper schieben: Rührschüssel.

Abb. 3

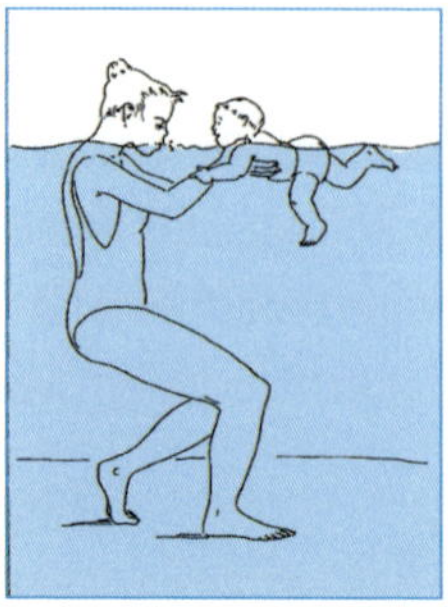

D Beidhändiger frontaler Bauchlagegriff mit Schultersicherung – Kelch

Alter für die Anwendung

Für Säuglinge unter sechs Monaten, die ihren Kopf noch nicht ausdauernd halten können, sehr gut geeignet. Ältere Säuglinge (ab sechs Monaten) bevorzugen zumeist ein offenes Blickfeld und Bewegungsfreiheit in den Armen, um zu greifen und zu planschen – ein Grund, sie zunehmend seltener in dieser Position im Wasser zu halten.

Handling

Aus dem Achselgriff heraus werden die elterlichen Hände so weit unter der Brust des Kindes zusammengeschoben, dass die Daumenballen ein Dreieck bilden. Die Daumen verbleiben locker gehalten vor dem Schultergelenk. Durch das Rückwärtsgehen des Elternteils und den Auftrieb gelangt das Kind in die Bauchlageposition. Der Tragende drückt die Daumenballen bis an die Wasseroberfläche hoch, damit der Kopf des Kindes am Kinn gestützt werden kann. Die gefächerten Hände bieten dem Brustkorb des Kindes eine großflächige Auflage (vgl. Abb. 4).

Anwendung

Nach der Phase des Akklimatisierens mit engem Körperkontakt und einigen passiven Beweglichkeits- und Lockerungsübungen, setzt nun für das Kind die Phase der aktiven Bewegungen bei von nun an gelockertem Körperkontakt ein. Mit dem beidhändigen frontalen Bauchlagegriff wird das Kind in sicherer Bauchlage gehalten, sodass sich die Beine frei aktiv bewegen können. Dieser Griff ist durch die beidhändige Führung sowohl für die Eltern als auch für die Kinder sehr einfach und kippsicher, sodass er sich gut für den Kurs- und Stundenbeginn eignet, um sich fort- und auch auf der Stelle zu bewegen. Durch den direkten Blickkontakt kann das Kind unmittelbar angesprochen (und auch motiviert) werden unter bewusstem Einsatz des Mienenspiels (Gesichtsmimik wahrnehmen).

Vor- und Nachteile des Griffs

Die Vorteile dieses Griffs liegen in seiner Einfachheit bei großer Sicherheit für die Eltern und in der vis-à-vis-Ansprache für das Kind, dessen symmetrische Kopf- und Körperhaltung dabei trainiert wird. Werden die Schultern fixiert, so wird das Kind in seinen Armbewegungen eingeschränkt. Ein loses Fassen der Schultern erlaubt noch geringe Bewegungen.

Anmerkungen

Bei der Körperstellung der Eltern ist darauf zu achten und hinzuweisen, „bis zu den Schultern einzutauchen", damit sie sich auf gleicher Augenhöhe mit ihrem Kind befinden. Der Hinweis „bis zu den Schultern eintauchen", ist deshalb angeraten, weil viele Eltern erfahrungsgemäß nicht langfristig eine gebeugte Beinstellung im Wasser beibehalten.

Spielanregungen

- Die Eltern blubbern ins Wasser, die Kinder beobachten. Die Eltern prusten an den Bauch (bei der nächsten Übung an die Schultern) des Kindes, indem sie das Kind kurzfristig senkrecht aus dem Wasser heben.
- Die Eltern spielen „weit weg, nah ran" und blubbern dabei abwechselnd an die rechte und linke Schulter (oder Küsschen- und Pustespiel).
- Die Eltern heben und senken oder schwenken die Arme seitlich, sodass der Körper des Kindes eine Wellenform in senkrechter und waagerechter Form an der Wasseroberfläche beschreibt.
- Rückwärts gehen und das Kind abwechselnd ziehen und schieben (Bewegungsvers: „Zwei Schritt vor und eins zurück, doch man kommt voran, welch Glück").

Abb. 4

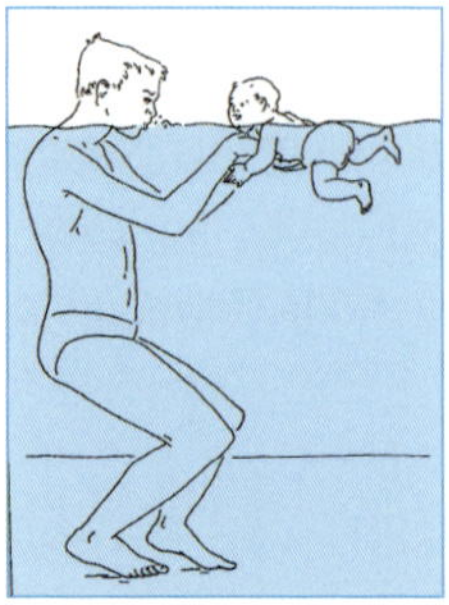

E Beidhändiger frontaler Bauchlagegriff ohne Schultersicherung – Körbchen

Alter für die Anwendung

Dieser Griff eignet sich gut für Säuglinge unter sechs Monaten, weil hier der Körper großflächig stabilisiert und die unruhigen, zappeligen Bewegungen gesichert werden. Bei älteren Säuglingen wird dieser Griff zunehmend seltener eingesetzt, da sie sich bereits von den Unterarmen des Erwachsenen wegdrücken oder seitlich drehen möchten.

Handling

Aus dem Achselgriff heraus wird das Kind seitlich gelegt und mit der linken Hand im Achselgriff gehalten, sodass sich die rechte Hand unter die linke Brusthälfte des Kindes schieben kann, und zwar so weit, dass der kleine Finger der Hand auf Bauchnabelhöhe liegt. Nachfolgend wird das Körpergewicht des Kindes mit der rechten Hand gehalten, sodass sich die linke Hand entsprechend parallel unter die rechte Brusthälfte schieben kann. Die Kleinfingerseiten beider Hände berühren sich. Die Daumen und Zeigefinger liegen hinter den Achseln an den Körperseiten und verhindern damit ein seitliches Kippen oder fußwärtiges Abrutschen des Kindes. Der Tragende drückt seine Handwurzelballen hoch, bis diese die Wasseroberfläche durchbrechen. Dabei bewegt er sich rückwärts gehend (vgl. Abb. 5).

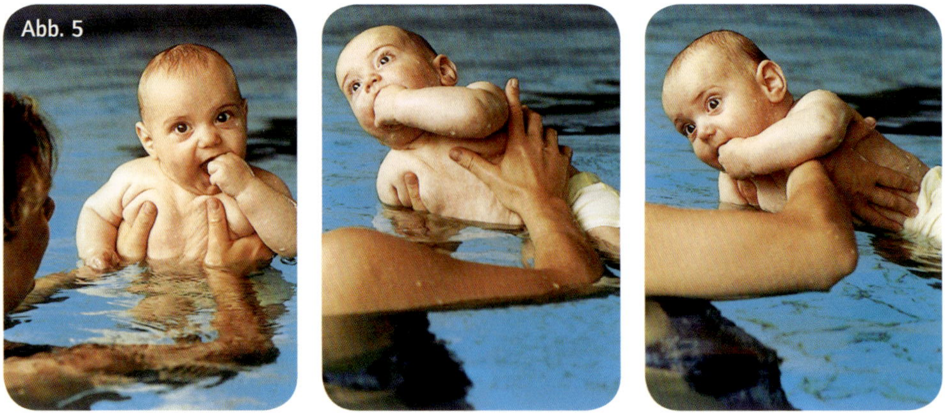
Abb. 5

Anwendung

Dieser Griff kann eingesetzt werden, wenn sich das Kind bereits akklimatisiert hat. Der enge Körperkontakt wird aufgegeben, der Blickkontakt jedoch beibehalten. Durch die beidhändige Ausführungsform ist der Griff einfach zu handhaben und kippsicher, sodass er in den ersten Stunden an die Eltern vermittelt werden sollte. Der Tragende und das Kind können sich in dieser Position gegenseitig aufmerksam wahrnehmen und miteinander durch Blickkontakt, Gesichtsmimik und Ansprache kommunizieren. Bei gleichmäßiger Unterstützung des kindlichen Rumpfs können die symmetrische Kopf- und Körperhaltung sowie die gleichmäßige Bewegungsaktivität der Arme und Beine von den Eltern überprüft werden. Beobachtete Verspannungen der Rumpfmuskulatur, Seitigkeit oder Schiefhaltung des Kindes können mit Schwungübungen sowie visuellen und akustischen Anreizen therapeutisch „bearbeitet" werden.

Vor- und Nachteile des Griffs

Die beidhändige Tragweise ist für die Eltern muskulär nicht zu anstrengend, sodass sie relativ unverkrampft diese Position beibehalten können. Je sicherer und lockerer die Eltern diesen Griff ausführen, desto freier und unbeschwerter bewegt sich das Kind. Ängstliche Kinder erhalten durch die Gesichtsnähe unmittelbar Zuspruch und Blickkontakt; sie können auch mit ihren Händen das elterliche Gesicht oder die Unterarme berühren. Die überstreckte Handgelenkhaltung ist ungewohnt und kann bei gewichtigen Kindern nicht sehr ausdauernd beibehalten werden. Für ältere Kinder ist die Unterstützungsfläche zu groß, um hinreichend zu ausgleichenden Bewegungen gefordert zu werden. Kinder, die an Land bereits in Bauchlage kreiseln, verlangen auch im Wasser mehr körperliche Freiheit, um sich zu drehen und sich neuen Wahrnehmungsreizen zuzuwenden. Von daher wird der Griff von ihnen als einschränkend empfunden.

Anmerkungen

Das Eintauchen der Eltern mit ihren Schultern ins Wasser und die gleiche Augenhöhe mit ihren Kindern sind zu beachten. Wenn der Griff von den Eltern als unsicher empfunden wird, können die Daumen an die Körperseiten direkt hinter die Achseln gelegt werden.

Spielanregungen

- Fingerfangen: Eltern fangen mit ihrem Mund die Finger des Kindes.
- Springbrunnen: Die Eltern nehmen Wasser in den Mund und speien es wie ein Springbrunnen aus, sodass die Kinder das Wasser mit den Händen spüren können.
- Bauchplatscher: Eltern heben das Kind etwas über die Wasseroberfläche an und lassen es dann auf dem Wasser landen, sodass es spritzt.
- Rückwärts einparken: Eltern schieben das Kind rückwärts gegen den Beckenrand, sodass es mit seinen Füßen den Beckenrand berührt und ziehen es unerwartet wieder weg.
- Immer an der Wand lang: Eltern ziehen die Kinder und berühren sporadisch mit den Körperseiten des Kindes die Wand.

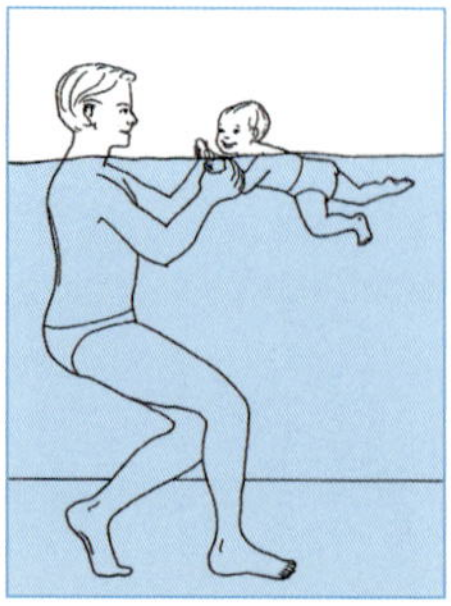

F Beidhändiger frontaler Daumengriff zum Ziehen des Kindes – Affenschaukel

Alter für die Anwendung

Für Kinder ab dem achten/neunten Lebensmonat geeignet, wenn sie sich schon häufiger in den Stand hochdrücken und erste Kletterversuche starten.

Handling

Das Kind wird aus dem frontalen Achselgriff auf einen angehobenen Oberschenkel gesetzt. Dann wird dem Kind erst der eine Daumen, dann der andere Daumen zum Festhalten angeboten. Wenn das Kind beide Daumen festhält, wird das Bein wieder zum Boden abgestellt und das Kind durch zügiges Rückwärtsgehen neben dem Körper gezogen oder im Kreis gezogen, um die Beine gegen den Wasserwiderstand zur Wasseroberfläche hin aufzutreiben. Zum Ausruhen wird das Kind an die Brust gezogen und auf der elterlichen Oberkörperrücklage kann das Kind eine Stand- und Kletterfläche vorfinden oder einfach auf die Brust gelegt ausruhen (vgl. Abb. 6).

Anwendung

Als Fortbewegungsvariation und bei Singspielen einsetzbar (Karussell). Die Kinder üben ihre Halte- und Stützkraft, vorausgesetzt, sie haben ihre Arme leicht angebeugt und die elterlichen Hände befinden sich unter der Wasseroberfläche, sodass sich das Kind darauf abstützen kann. Beim Slalomlauf (rechts- und linksseitiges Ziehen) werden die Körperseiten angeströmt und die Armkraft der Kinder herausgefordert.

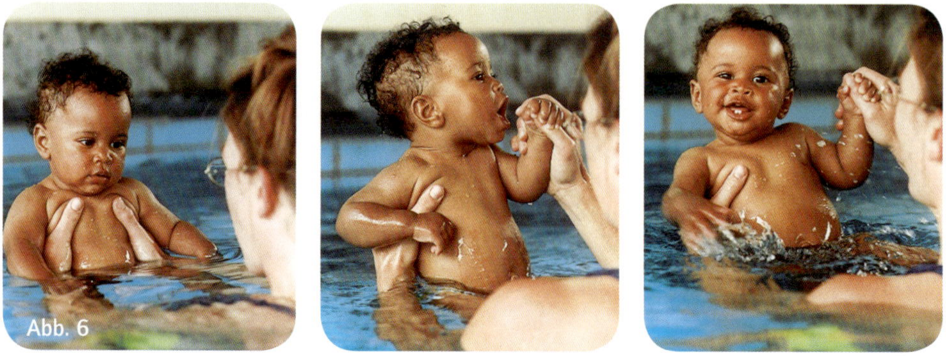

Abb. 6

Vor- und Nachteile des Griffs

Vorteilhaft ist die geringe Unterstützung für das Kind, da die Auftriebskraft des Wassers optimal ausgenutzt wird. Die Kinder lassen – je nach Motivation und wechselnden Aufmerksamkeitsschwerpunkten – mitunter unverhofft die Daumen los, sodass der Tragende das Kind sofort an den Körperseiten oder Armen fangen muss. Aus dieser eigenen Unsicherheit heraus halten Eltern gern die Hand des Kindes aktiv fest, wodurch jedoch das eigenständige Halten des Kindes unterbunden und die Handgelenke unnötig fixiert werden.

Anmerkungen

Die Eltern sollen nicht die Kinder, sondern die Kinder die Daumen der Eltern festhalten. Die elterlichen Finger sind nur ganz locker auf den Handrücken des Kindes aufgelegt.

Spielanregungen

- Sitzen und Hängen im Wechsel: Das Kind sitzt auf dem elterlichen Oberschenkel. Nach verbaler Aufforderung verschwindet die Sitzfläche als Unterstützung für kurze Zeit und schiebt sich wieder unter das kindliche Gesäß.
- Schaukel: Das Kind wird seitlich neben dem Körper gehalten und vor und zurück geschwungen, sodass es abwechselnd in die Rücken- bzw. Bauchlage gelangt.
- Karussell: Das Kind wird um den eigenen Körper oder in Schlangenlinien gezogen.
- Bergsteigen: Die Eltern legen ihren Oberkörper zurück, sodass das Kind auf dem Bauch steht und über die Brust auf die Schulter laufen kann.
- Balance halten: Das Kind steht auf einem elterlichen Oberschenkel und versucht, ohne Festhalten der Daumen, frei zu stehen.
- Wippe: Die Eltern lehnen sich an den Beckenrand, setzen sich das Kind auf ihren Unterschenkel und wippen dieses auf und ab. Die Daumen zum Festhalten anbieten.

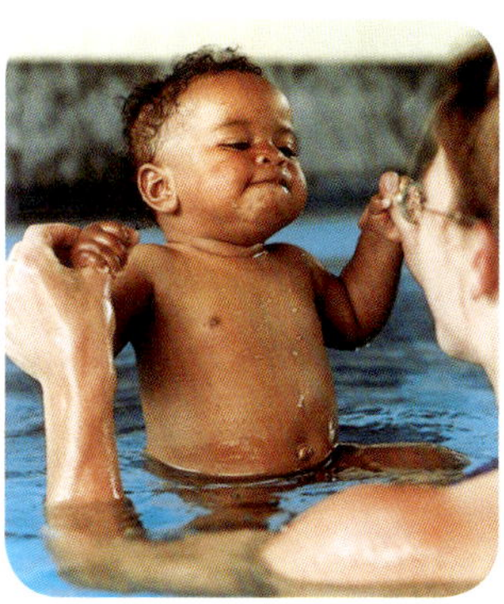

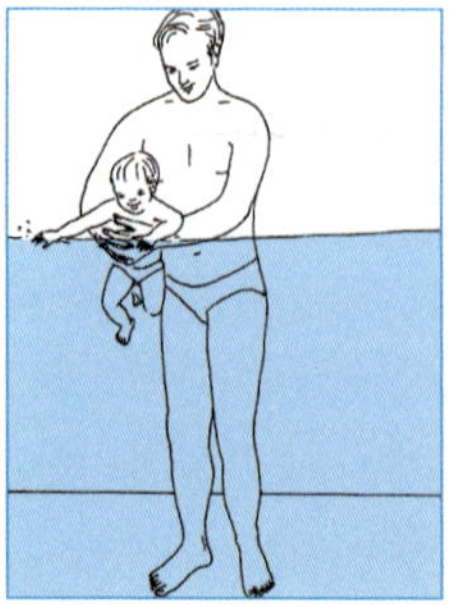

G Beidhändiger rückwärtiger Armtragegriff unter den Achseln – Armring

Alter für die Anwendung

Für Kinder im zweiten Lebenshalbjahr, die bereits über eine ausreichende Körperstabilisation verfügen.

Handling

Aus dem frontalen Achselgriff wird das Kind um die Längsachse um 180° gedreht und auf den rechten Oberschenkel gesetzt. Nun werden die Arme unter den Achseln des Kindes durchgeschoben und die Hände vor der Brust des Kindes gefaltet (vgl. Abb. 7).

Anwendung

Seitliche Schwünge oder Karussell gegen den Wasserwiderstand ausführen. Bei Spielphasen, in denen Materialien verwandt werden, kann das Kind gut greifen.

Vor- und Nachteile des Griffs

Vorteilhaft ist die geringe muskuläre Haltearbeit für die Eltern und die aufrechte Stellung des Kindes. Fremdelnde Kinder oder solche mit einem starken Verlangen nach Körperkontakt zur Bezugsperson drehen sich häufig aus dieser Position zum Körper der

Abb. 7

Eltern und lassen sich ungern in diesem Tragegriff halten, es sei denn, dass sie sich auf das Hantieren mit einem Spielzeug konzentrieren.

Nachteilig ist, dass der elterliche Armring meist so groß ist, dass das Kind beim Lösen aus der Achselaufhängung schnell gehalten werden muss, um gesichert zu werden. Durch die Körperstellung der Bezugsperson zum Kind ist der Blickkontakt kaum möglich, die Kopfstellung des Kindes ist nur schwierig zu kontrollieren.

Anmerkungen

Eltern können aufrecht ohne viel Haltearbeit durch das Wasser gehen. Die Haltearbeit wird jedoch schwieriger, wenn die Eltern ins Wasser eingetaucht vorwärts gehen und die Arme fast gestreckt mit Last nach vorne an der Wasseroberfläche halten (langer Hebel).

Spielanregungen

- Krabbelfinger: Das Kind liegt im Achselhang auf den elterlichen Unterarmen, die Eltern laufen mit ihren Fingern auf dem Wasser und treffen sich mit anderen Krabbelfingern (Eltern).
- Wellenboot: Die elterlichen Hände bewegen sich in Wellenform vorwärts und heben dadurch auch das Kind leicht auf und ab.
- Zusammenstoß: Mit den Händen anderer Eltern zusammenstoßen.
- Zweierschaukel: Die Hände von einem anderen Elternteil fassen und die Kinder nach rechts und links schaukeln.
- Geschwind im Kreis: Sich vor ein anderes Eltern-Kind-Paar stellen (Gegenüberstellung und Anblick). Auf Kommando: „Geschwind im Kreis" sich drehen und wieder innehalten (Anblick).

H Beidhändiger rückwärtiger Taillengriff in diagonaler Schräglage des Kindes – Trophäe

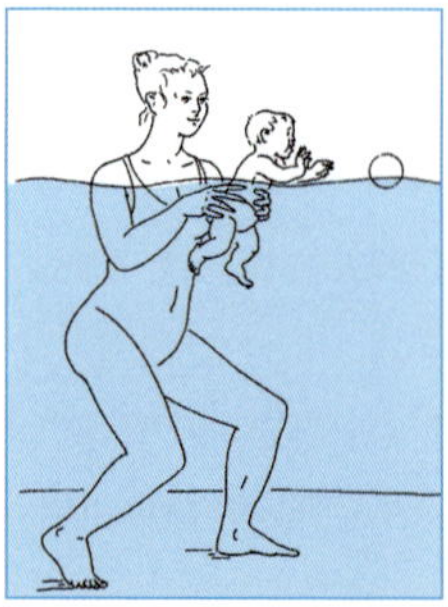

Alter für die Anwendung

Der Griff ist nicht bei Säuglingen unter dem sechsten Lebensmonat zu verwenden, weil ihre Körperstabilität und die muskuläre Haltekraft der Rückenmuskulatur noch nicht hinreichend vorhanden bzw. ausgebildet ist.

Handling

Aus dem frontalen Achselgriff wird das Kind um 180° nach rechts gedreht und leicht bauchwärts auf den linken Unterarm gelegt. Die rechte Hand umgreift die rechte Taille des Kindes, die linke Hand folgt mit dem Umgreifen an die linke Taillenseite. Da sich das Kind aus dieser Position gerne nach vorne legt, sollten Zeige- und Mittelfinger die bauchwärts gelegenen Rippenbögen unterstützen. Das Kind wird in diagonaler Schräglage zur Wasseroberfläche gehalten. Die Arme des Tragenden sollten leicht gebeugt und rechtsseitig vom eigenen Körper gehalten werden, damit die Kopfposition und der Gesichtsausdruck des Kindes annährend aus der Profilansicht beobachtet werden können und bei Unsicherheit des Kindes beruhigender Zuspruch mit Blick- und Hautkontakt (vis-à-vis) hergestellt werden kann (vgl. Abb. 8).

Anwendung

Dieser Griff eignet sich für verschiedene Spielformen mit Gegenständen zum Greifen, Beckenrandspiele, Interaktionsspiele.

Vor- und Nachteile des Griffs

Bei offenem Blickfeld und von der Bezugsperson weggewandt, kann das Kind andere Personen und Gegenstände wahrnehmen und sich ihnen zuwenden. Nachteilig ist, dass sich die Kopfposition des Kindes nicht Auge in Auge mit der Bezugsperson befindet und somit darauf zu achten ist, dass das Kind kein Wasser schluckt.

Anmerkungen

Die Haltepersonen sind darauf hinzuweisen, die Kopfposition des Kindes aus der Nahezuprofilansicht aufmerksam zu beobachten. Diese neue Selbstständigkeit kann Unsicherheit hervorrufen. Das Kind ist dann mit seinem Rücken eng an die Brust des Elternteils zu nehmen, um das Gefühl der Sicherheit zu vermitteln.

Spielanregungen

- Windmachen: Abwechselnd am Nacken, an der rechten und an der linken Schulter sowie vor dem Kind ein Loch auf das Wasser pusten, sodass es leicht spritzt.
- Wellenmachen: In der Kreisaufstellung mit der Gruppe die Kinder vorschieben und zurückziehen, damit in der Mitte ein Wellenberg entsteht.
- Hechtsprünge, z. B. Sprechvers: „Kleine Delfine springen nicht sehr hoch, größere Delfine schon etwas höher und die riesengroßen Delfine springen soooo hoch und weit" (oder mit Hasen).
- Bewegungsgeschichte Slalomfahrt: Das Kind vorwärts schieben, Kurven- bzw. Seitlage einnehmen.
- Bewegungsgeschichte Autofahrt: Das Kind vorwärts, rückwärts, schnell und langsam schieben und ziehen (vier Schnelligkeitsstufen: 1., 2., 3. und 4. Gang).
- Schultersprünge: Die Eltern setzen ihr Kind auf die Schultern, sodass sich das Kind durch einen Abfaller nach vorne auf das Wasser fallen lassen kann.

Abb. 8

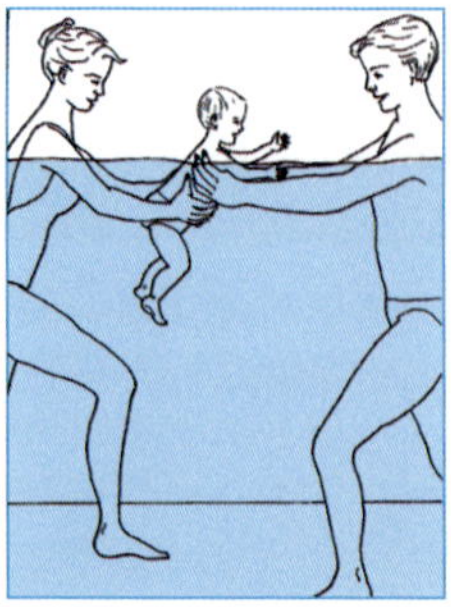

Beidhändiger rückwärtiger Taillengriff und beidhändiger frontaler Achselgriff zum Schieben des Kindes zwischen zwei Personen – Gleitboot

Alter für die Anwendung

Dieser Griff ist erst bei ausreichender Kraft der Rückenmuskulatur und bei Körperstabilität im zweiten Lebenshalbjahr des Kindes einzusetzen, wenn die Kinder möglichst schon die Arme ausstrecken können.

Handling

Beide Elternteile befinden sich in der Schrittstellung. Aus dem Achselgriff wird das Kind um 180° nach rechts gedreht und mit dem linken Unterarm an den eigenen Körper gedrückt. Die rechte Hand löst sich aus dem Achselbereich des Kindes und fasst in seinen Taillenbereich um. Die linke Hand wird entsprechend auf der anderen Taillenseite positioniert. Die Hände sind breit gefächert, die Fingerspitzen reichen bis zu den Rippenbögen. Der gegenüberstehende Elternteil taucht bis auf Kopfhöhe des Kindes ein und macht mit Spritzern oder Händeklatschen auf sich aufmerksam. Wenn das Kind schaut, werden die Hände über der Wasseroberfläche ausgestreckt, damit es sie sehen kann. Zur Übergabe wird das Kind in eine 45°-Lage nach vorne gekippt und zum Gegenüber geschoben. Der Annehmende fasst in den Achselbereich und nimmt das Kind an seinen Körper, um erneut umzufassen und das Kind wieder zurückzuschieben (vgl. Abb. 9).

Anwendung

Dieser Griff, verbunden mit dem Schieben an der Wasseroberfläche, stellt eine Übung für das Gleiten dar. Die jüngeren Kinder planschen vorrangig mit den Händen, die älteren

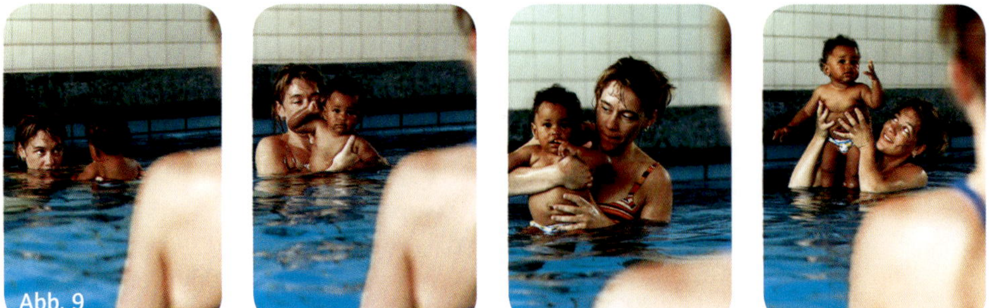

Abb. 9

Kinder unterstützen bereits mit ihren Beinbewegungen das Vorankommen. Je älter das Kind wird, desto mehr vergrößern die Eltern die Übungsdistanz. Nachdem die Kinder an das eher ruhige Zuschieben gewöhnt sind, können sie in weiteren Lernschritten auch leicht zugeworfen (mit kurzem Untertauchen) oder unter Wasser zugeschoben werden.

Vor- und Nachteile des Griffs

Dieser Griff fördert die Aufmerksamkeit und das Vertrauen zu den beiden Bezugspersonen, schreibt allerdings dem Kind die Bewegungsrichtung vor.

Anmerkungen

Die Hände sollen sich bei der Übergabe nicht überlappen.

Spielanregungen

- „Hände weg" und „Hände da": Die dem Kind gegenüberstehende Person zeigt und versteckt die eigenen Hände und fordert dann durch Klatschen das Kind zum Kommen auf.
- „1-2-3, jetzt hole ich dich": Die dem Kind gegenüberstehende Person kommt mit ihren Händen auf das Kind zu (2 x), beim dritten Mal greift sie das Kind und führt es zu sich.
- „1-2-3, jetzt komme ich": Das Kind wird der gegenüberstehenden Person zugeschoben (2 x), beim dritten Mal landet es auf den ausgestreckten Handflächen.
- „Hallo, Kuckuck": Der Tragende dreht sich mit Kind um, bei „Hallo, Kuckuck" dreht er sich über rechts bzw. links nach vorne, dann wird das Kind in hohem Bogen übergeben. Das gleiche Spiel ist möglich, wenn sich die gegenüberstehende Bezugsperson wegdreht.
- Andocken: Die gegenüberliegende Person stellt ihre Handflächen senkrecht auf das Wasser. Bevor das Kind herübergeschoben wird, dockt es mit seinen Füßen oder seinen Händen dort erst an (2 x).

J Beidhändiger Stützgriff an den Ellbogen/ Händen des Kindes – Handschalen

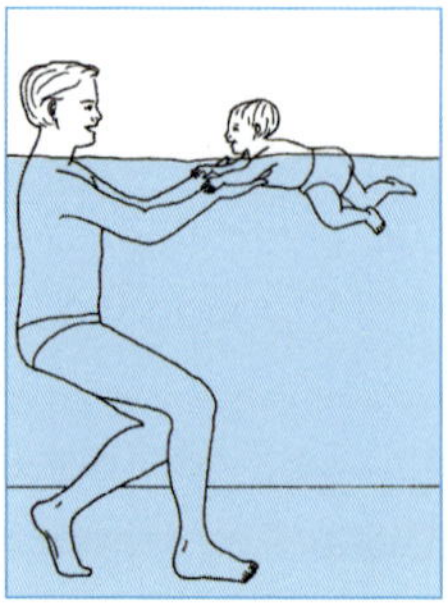

Alter für die Anwendung

Für Kinder am Ende des zweiten Lebenshalbjahres anzuwenden, die bereits durch ihr tägliches Krabbeln eine ausreichende Stützkraft erlangt haben.

Handling

Aus dem Achselgriff wird das Kind seitlich geschwenkt und dann einhändig in der Handgabel der linken Hand gehalten, während die rechte Hand sich aus dem Achselbereich löst und an den Oberarm und Ellbogen des Kindes fasst. Nun wird das Körpergewicht des Kindes in die rechte Hand verlagert, sodass auch die linke Hand am anderen Oberarm und Ellbogen anfasst (vgl. Abb. 10).

Anwendung

Der Griff aktiviert die Stützkraft des Kindes. Er dient dazu, die Verwendung von Auftriebshilfen (Schwimmflügel, Schwimmreifen, Schwimmsprosse) vorzubereiten. Die Eltern gehen dabei rückwärts; das Kind unterstützt diese Fortbewegung (unwillkürlich oder auf Ermunterung) mit den Beinen.

Vor- und Nachteile des Griffs

Der Griff verbessert – dosiert angewandt – die Stützkraft. Wird die Übung zu lange ausgeführt, lässt die Armaktivität wegen der fixierten Arme nach.

Anmerkungen

Es ist darauf zu achten, dass die Eltern die Arme nicht seitlich auseinander weichen lassen, weil sich das Kind dann nicht stützen kann. Die Hände sind unterhalb der Schultern zu positionieren. Die Schultern der Eltern sind eingetaucht und der Kopf auf Blickhöhe zu ihrem Kind. Der Handschalengriff kann auch variiert eingesetzt werden, indem die Hände unter den Füßen oder einhändig unter dem Gesäß unterstützen. Er stellt eine Balanceübung für das Kind dar oder kann als Ausgangshaltung zum Abspringen vom Beckenrand dienen (vgl. Abb. 10).

Spielanregungen

- Bewegungslied: „Hopp, hopp, hopp, immer im Galopp, mit dem Wind und mit der Welle gleiten wir geschwind und schnelle. Hopp, hopp, hopp, immer im Galopp" (leichtes Auf- und Abbewegen beim Rückwärtsgehen und Ziehen des Kindes ausführen).
- Hebespiel: Alle Kinder werden groß (das Kind etwas aus dem Wasser heben, sodass es über den elterlichen Kopf schauen kann) und wieder klein (Absenken des Körpers).
- Slalom: Einmal rechtsherum, einmal linksherum (wechselseitige Gewichtsverlagerung auf die Ellbogen beim Rückwärtsgehen und Ziehen des Kindes; dabei sprachlich rechts und links betonen und mit dem entsprechenden Ellbogendruck kombinieren).
- Balanceakt im Sitz: Das Kind wird sitzend auf einer Hand durch das Wasser balanciert. Nahe am Beckenrand wird es aufgefordert, abzuspringen und sich am Beckenrand festzuhalten.
- Balanceakt im Stand: Das Kind wird stehend auf den Händen durch das Wasser balanciert. In der Nähe des Beckenrands wird es aufgefordert, abzuspringen und sich am Beckenrand festzuhalten.

Abb. 10

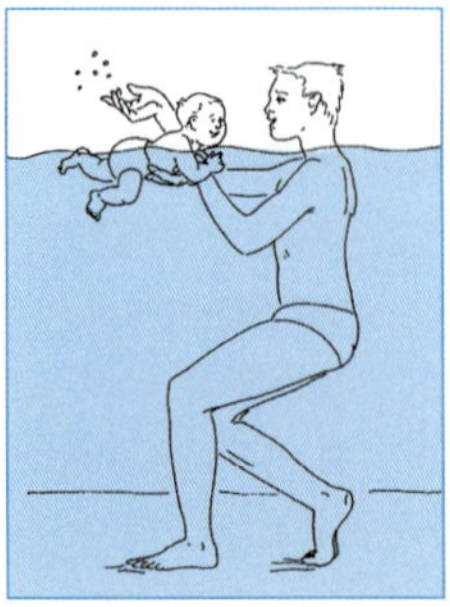

K Einhändiger frontaler Bauchlagegriff mit Bewegungsreiz durch Wasserspritzer – Ober-Tablett

Alter für die Anwendung

Für Säuglinge unter sechs Monaten sehr gut geeignet, denn ihr Körpergewicht und ihr Brustkorbumfang lassen noch zu, von Eltern einhändig gehalten zu werden. Die Überstreckung des Handgelenks ermöglicht es, die kindliche Kopfhaltung zu unterstützen. Die symmetrische Körperhaltung in der Bauchlage kann längerfristig von Eltern beobachtet und vom Kind geübt werden.

Bei älteren Säuglingen (ab sechs Monaten) und bei Kindern, die sich an Land bereits um ihre Längsachse drehen können, stellt diese Halteposition für den Tragenden insofern eine Schwierigkeit dar, als das das Kind nicht mehr ruhig auf der Hand liegt und auf Grund seines Körpergewichts nur noch unter großer Kraftbelastung aus dem Handgelenk gehalten werden kann. Das Kind ist nun stärker an seinem Umfeld interessiert und will sich diesem zuwenden.

Handling

Aus dem Achselgriff heraus wird das Kind über die Körperseite in die linke Hand (Daumen-Zeigefinger-Mulde) gekippt. Bei Säuglingen, deren Kopf noch nicht stabil gehalten wird, sollten Zeige- und Mittelfinger den Kopf zusätzlich stützen. Die rechte Hand aus der Achsel des Kindes lösen und breit gefächert unter das Brustbein des Kindes legen,

Abb. 11

sodass die Fingerspitzen bis zum Bauchnabel reichen. Das Kind wird auf die Hand in die Bauchlageposition gekippt, die linke Hand löst sich aus dem Achselbereich und legt sich auf den Nacken und Hinterkopfbereich des Kindes, um die anfängliche Halteunsicherheit zu stabilisieren. Der Daumenballen der rechten haltenden Hand wird bis an die Wasseroberfläche hochgedrückt, sodass das Kinn des Kindes bei Bedarf unterstützt werden kann. Die linke Hand schöpft Wasser auf den Rücken des Kindes. So werden sowohl die Bewegungsaktivität des Kindes angeregt als auch der Rücken vor dem Auskühlen bewahrt (vgl. Abb. 11).

Anwendung

Mit dem Griff werden die Bewegungen des Kindes aktiviert. Das Kind bewegt sich mit allen Extremitäten ganz frei bei geringer Unterstützungsfläche. Im ersten Lebenshalbjahr kann das Kind sein Körpergewicht noch nicht ausbalancieren. Ein seitliches Kippen muss durch die Eltern ausgeglichen werden. Ältere Kinder werden durch die geringe Unterstützungsfläche zum Halten des Gleichgewichts angeregt. Der direkte Blickkontakt fördert den symmetrischen Haltungsaufbau und die Eltern-Kind-Kommunikation.

Vor- und Nachteile des Griffs

Dieser Griff lässt dem Kind große Bewegungsfreiheit für alle Gliedmaßen. Daraus ergeben sich Impulse zu Ausgleichsbewegungen für das Gleichgewicht. Maßgeblich dafür ist die geringe Unterstützungsfläche. Die freie Hand kann durch wasserspritzende Bewegungen das Kind motorisch weiter anregen.

Der Griff wird von den Eltern gelegentlich als unvorteilhaft empfunden. Das resultiert aus ihrer Halteunsicherheit, weil sich gerade die jüngeren Säuglinge reflexartig, unkoordiniert und unruhig bewegen.

Anmerkungen

Die Eltern sind bis zu den Schultern ins Wasser eingetaucht und auf gleicher Augenhöhe mit ihrem Kind. Auf korrektes Handling ist wegen Halteunsicherheit zu achten, insbesondere auf das Spreizen der Finger, um die Unterstützungsfläche unter dem Brustkorb zu vergrößern.

Spielanregungen

- Vers: „Es tröpfelt, es regnet, es stürmt" (Rücken/Kopf bespritzen).
- Blubberlied: Mit dem Mund ins Wasser bzw. an die Schultern oder Hände des Kindes blasen.
- Rückenmassage: Wasserschöpfen und dabei den Rücken kreisförmig massieren.
- Stop and go: Rückwärts fortbewegen und plötzlich anhalten.
- Guten Tag: Rechte und linke Hand des Kindes leicht schütteln. Dabei das Handgelenk locker mit Daumen und Zeigefinger umfassen.

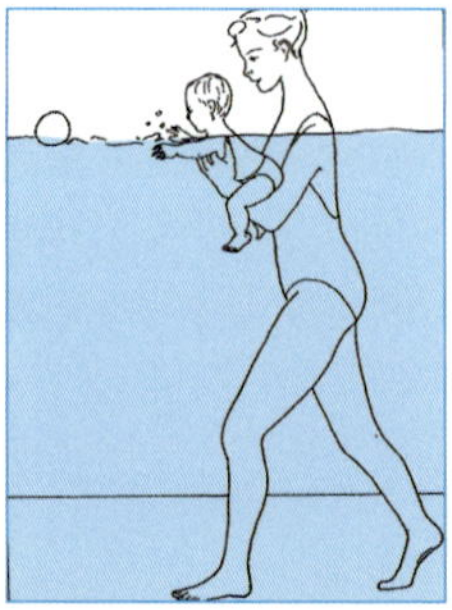

L Einhändiger rückwärtiger Bauchlagegriff des Kindes mit dem Unterarm durch die Beine des Kindes – Beintunnel

Alter für die Anwendung

Dieser Griff ist im ersten Lebenshalbjahr universell brauchbar. In den ersten Lebensmonaten kann die freie Hand von hinten die Kopfhaltung zusätzlich stabilisieren.

Handling

Aus dem frontalen Achselgriff wird das Kind um 180° nach links gedreht und auf den linken Unterarm gelegt, sodass der rechte Arm sich von der Achsel löst und sich zwischen den Beinen bis zum Brustbein durchschiebt. Die Hand sollte breit gefächert den Brustkorb unterstützen. Die linke Hand löst sich ebenfalls von der Achsel und kann nun das Spiel des Kindes oder im Nackenbereich seine Kopfhaltung unterstützen. Der rechte tragende Unterarm wird steil zur Wasseroberfläche hin angestellt; das Kind kann beide Arme frei bewegen. Sollte die Lage des Kindes als instabil empfunden werden, so ist das Kind zur Lagestabilisation durch stärkeres Anwinkeln des Arms enger an die Körperseite anzudrücken (vgl. Abb. 12).

Abb. 12

Anwendung

Dieser Griff ist vorrangig beim Eltern-Kind-Spiel mit Materialien zu verwenden, ferner beim zügigen Vorwärtslaufen mit Wellentechnik, bei Bewegungsliedern mit Finger- und Spritzspielen sowie zur Bewegungsstimulation der Arme und Hände des Kindes durch passives Bewegen der Arme auf Grund der Wasserbewegung. Wird die freie Hand in den Nackenbereich gelegt, kann das Kind gegen den Wasserwiderstand seitlich nach rechts und links gezogen werden, sodass besonders die freien Arme für die Körperwahrnehmung angeströmt werden.

Vor- und Nachteile des Griffs

Das freie Blickfeld für das Kind und die einfache Ausführung machen den Griff beliebt. Eine gewisse Bewegungseinschränkung der Kinderbeine tritt dabei ein.

Anmerkungen

Die Eltern gehen bis zu den Schultern eingetaucht vorwärts und halten dabei das Kind so weit seitlich, dass sie das Gesicht einsehen können.

Spielanregungen

- Rückenmassage: Ausstreichen des Rückens von den Schultern bis zu den Fingern.
- Guten Tag und auf Wiedersehen: Den rechten Arm am Handgelenk aufnehmen und ausschütteln: „Guten Tag" und mit den Fingern über die Schultern und den Nacken zum linken Arm herüberlaufen und diesen ausschütteln: „Auf Wiedersehen".
- Karussell: Die freie Hand auf den Nackenbereich des Kindes legen und sich rechts- und linksherum drehen, sodass die Arme und Schultern des Kindes vom Wasser angeströmt werden.
- Handplatscher: Die freie Hand auf den Nackenbereich des Kindes legen und bei „1-2-3" das Kind hochheben und leicht nach vorne gekippt mit den Händen auf der Wasseroberfläche landen lassen, sodass es platscht.

In der Kreisaufstellung oder in der Gegenüberstellung mit einem anderen Eltern-Kind-Paar ausführen.

- Schräglage: Eine Hand auf den Nackenbereich des Kindes legen und das Kind bis auf die Seitlage drehen, um die Kopfhaltestabilität zu üben.
- Körperwenden: Eine Hand auf den Schulter- und Nackenbereich legen und das Kind über die Körperlängsseite in die Rückenlage drehen und wieder zurück in die Bauchlage wenden. Dabei darauf achten, dass das Kind mithilft, d. h. auf der Körperseite liegend, muskuläre Bestrebungen der Lageveränderung im Kopf-, Schulter- und Beinbereich anzeigt. Beim Wenden Blickkontakt zum Kind halten.
- Schaukelpferd: Den Körper des Kindes um die Breitenachse vor- und zurückkippen, d. h. von der Bauchlage in die angelehnte Sitzhaltung.

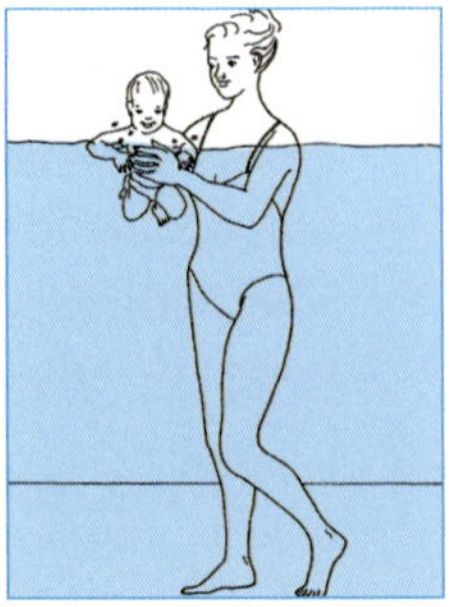

M Einhändiger seitlicher Bauchlagegriff mit sichernder Hand auf den Schultern – Sandwich

Alter für die Anwendung

Der Griff eignet sich für ein Kind, das längerfristig über eine stabile Kopfhaltung verfügt (5./6. Monat). Dieser Griff ist nur bei Kindern anzuwenden, die bereits ein vermehrtes Selbstständigkeitsstreben zeigen, da dem Kind bei dieser Übung der ständige Blickkontakt mit dem Elternteil fehlt.

Handling

Aus dem frontalen Achselgriff wird das Kind nach seitlichem Wiegen mit der rechten Hand einhändig seitlich liegend festgehalten, sodass die linke Hand von der Achsel gelöst und quer unter dem Brustbein des Kindes positioniert werden kann (Finger aufgefächert). Nun wird das Kind in die Bauchlage gekippt, sodass die rechte Hand von der Achsel gelöst und quer auf den Schulterbereich des Kindes zum Stabilisieren der Lage aufgelegt werden kann oder sich wasserschöpfend frei bewegt. Die Haltehand sollte direkt vor dem Körper des Tragenden gehalten werden, damit das Kind im Halbprofil beobachtet werden kann. Das Kind ist so hoch zu halten, dass der Rücken keine Hautfalten bildet, denn diese weisen auf eine überstreckte Wirbelsäule hin; das Kinn des Kindes

Abb. 13

befindet sich über der Wasseroberfläche, die Eltern tauchen bis zu ihren Schultern ins Wasser und befinden sich auf Kopfhöhe ihres Kindes (vgl. Abb. 13).

Anwendung

Dieser Griff eignet sich besonders zur zielgerichteten Fortbewegung; das Kind wird mit Wasserspritzern zum Eigenbewegen angeregt; seine Gliedmaßen sind frei beweglich. Zur Gleichgewichtsstimulation wird das Kind angehoben und gesenkt. Beim Karussellspielen kann der Handwechsel von den Eltern geübt werden. Durch Schwungübungen gegen den Wasserwiderstand (vor und zurück) werden die Wirbelsäule und die Beine beweglich gemacht. Variiert man die Eintauchtiefe, so werden die Körperpartien unterschiedlich stark angeströmt. Der Griff eignet sich auch für Beckenrandspiele (heran und weg), Kontaktspiele mit anderen Kindern (nah und fern) und zum Einfangen und Ergreifen von verschiedenen Geräten und Spielmaterialien.

Vor- und Nachteile des Griffs

Das Kind hat ein freies Blickfeld und alle Bewegungsmöglichkeiten. Für die Eltern ist der Griff relativ einfach anzuwenden. Er belastet das Handgelenk bei der seitlichen Haltung nur wenig. Das Kind kann durch die zweite Hand auf dem Schulterbereich gut stabilisiert werden, und auch für das Spritzen von Wasser erscheint den Eltern die Balance und das Halten sicherer als beim frontalen Bauchlagegriff. Fremdelnde oder Körperkontakt suchende Kinder drehen sich jedoch aus dieser Position häufig zum Körper der Eltern und sind daher nicht längerfristig für diesem Tragegriff zu begeistern. Als nachteilig wird z. T. die eingeschränkte Sicht der Eltern zum Gesicht des Kindes empfunden, was sich allerdings durch eine Halteposition direkt vor dem Körper der Eltern weit gehend vermeiden lässt.

Anmerkungen

Eltern tauchen bis zu den Schultern ein und gehen seitwärts oder mit gedrehtem Unterkörper vorwärts, um das Kind dabei stetig zu beobachten.

Spielanregungen

- Aufeinander zu – voneinander weg: Zwei Eltern-Kind-Paare stehen sich schulterseitig gegenüber und schwenken die Kinder aufeinander zu und voneinander weg, dabei sollten die Kinder Gelegenheit bekommen, sich mit den Händen oder Füßen gegenseitig zu berühren.
- Wasserwiderstand: Das Kind wird durch das Wasser vor- und rückgeschwenkt, dabei variiert die Eintauchtiefe des Körpers, sodass sich der Wasserwiderstand verschieden stark auswirkt.
- Aufrichten: Das Kind wird in der Rückenlage gehalten und zum Aufrichten (Kopfanheben) oder seitlichen Aufdrehen in die Bauchlage aufgefordert.
- Langsame Annäherung: Einige Meter vom Beckenrand entfernt wird das Kind vor- und rückbewegt, doch stets deutlicher vor als rück, sodass es bald den Beckenrand erreicht.
- Karussell: Das Kind wird um den Körper geführt, die Bewegungen werden mit den sprachlichen Kommentaren „anhalten", „losfahren", „Hand wechseln" begleitet.
- Schüttelboogie: Das Kind wird vor- und rückwärts geschwenkt, dabei sollten der Bewegungsrhythmus variiert und die Bewegungen sprachlich untermalt werden.

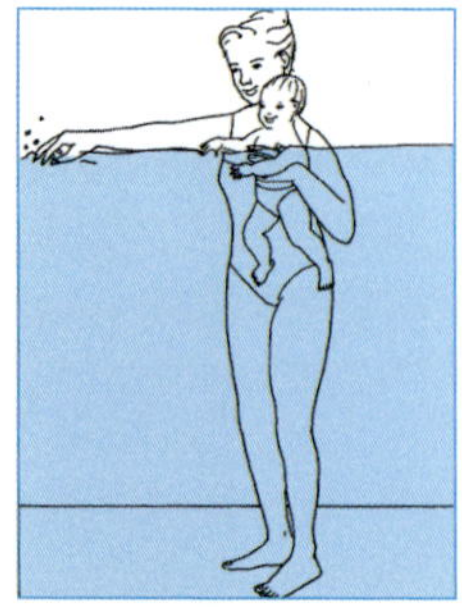

N Einhändiger rückwärtiger Brustkorbgriff in vertikaler Stellung des Kindes – Umschlingung

Alter für die Anwendung

Ein Universalgriff für jedes Lebensalter, da sowohl Kopf als auch Körper stabilisiert werden können.

Handling

Aus dem frontalen Achselgriff wird das Kind um 180° nach rechts gedreht und mit dem linken Unterarm an die Brust des Elternteils herangenommen. Die Handstellung sollte so verändert werden, dass die linke Hand etwas tiefer unter die Achsel greift und das Kind die Arme frei bewegen kann. Die Hand soll flach und breit gefächert ungefähr am Rippenbogen anliegen. Kind und Tragender befinden sich dabei in etwa auf gleicher Kopfhöhe (vgl. Abb. 14).

Anwendung

Dieser Griff eignet sich besonders für Eltern-Kind-Spiele mit Materialien oder für zügiges Vorwärtslaufen mit Wellentechnik, bei Bewegungsliedern mit Finger- und Spritzspielen sowie zur Stimulation der Arme und Hände durch passives Bewegen der Arme. Mit der freien Hand im Nacken des Kindes kann sein Körper gegen den Wasserwiderstand nach rechts und links gezogen werden, sodass vor allem die Arme angeströmt werden und somit der Körper bewusster wahrgenommen wird.

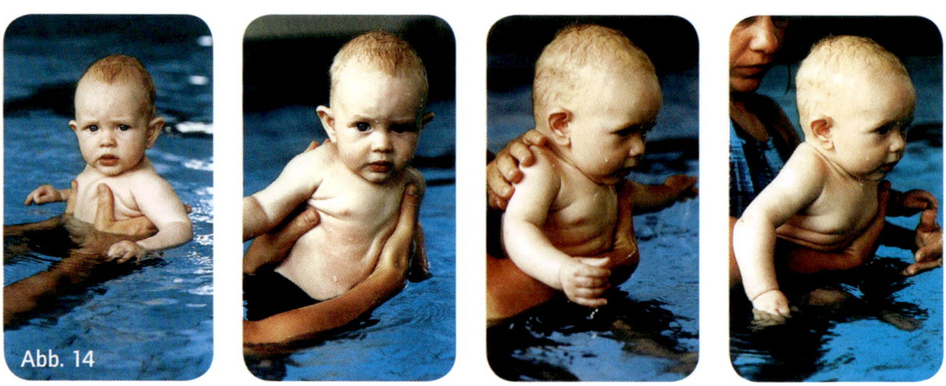

Abb. 14

Vor- und Nachteile des Griffs

Der Griff ist einfach auszuführen. Die Lage des Kindes kann durch den engen Körperkontakt gut stabilisiert werden. Das Kind hat ein freies Blickfeld. Blickkontakt und Kontrollblick der Eltern zum Gesicht des Kindes sind allerdings eingeschränkt.

Anmerkungen

Die Eltern gehen bis zu den Schultern eingetaucht vorwärts und beobachten dabei ständig das Kind.

Spielanregungen

- Streichungen: Wasser von der Seite auf die Schultern schöpfen und den Arm bis zu den Fingern ausstreichen.
- Handpatschen: Dem Kind die elterliche Hand zum Patschen und Klatschen anbieten oder auch unter die kindliche Hand klatschen, um dieses anzuregen.
- Gegenströmung: Das Kind an der elterlichen Körperseite anliegend umschlingen. Die Gruppe läuft im Kreis und dreht sich auf ein verabredetes Signal um 180°, sodass das Kind an seiner Brust von vorn angeströmt wird.
- Regentropfen, Regenguss, Platz-(Platsch-)Regen: Die Intensität des Wasserspritzens variieren.
- Wellenmachen: Mit dem ausgestreckten Arm das Wasser aufwühlen, dabei den eigenen Oberkörper drehen.

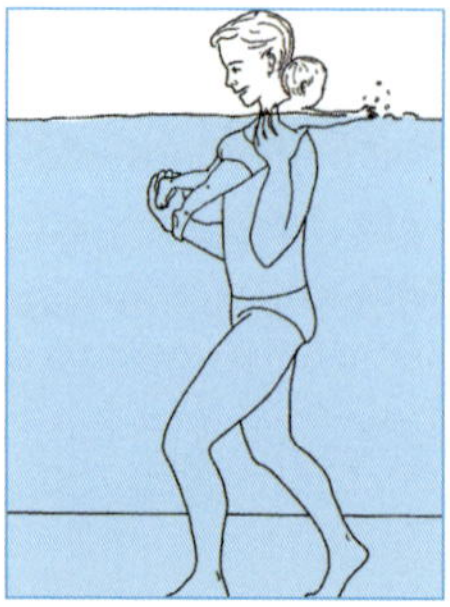

O Einhändige frontale Bauchlageposition des Kindes mit Brustablage auf der Schulter – Schulterbalance

Alter für die Anwendung

Der Griff kann erst angewandt werden, wenn das Kind eine gewisse Kopfstabilität erlangt hat (ca. vier Monate); anderenfalls ist das Sichern vor dem Wasserschlucken auf Grund der mangelnden Sicht auf die Kopfhaltung in dieser Trageposition nicht gewährleistet, wenn man bis zu den Schultern eingetaucht im Wasser steht.

Handling

Aus dem Achselgriff legt sich der Tragende das Kind mit dessen Brust auf die linke Schulter und hält es mit linker gespreizter Hand am Brustkorb; die Auflagefläche (Schulter) wird durch seitliches Anheben oder Ausstrecken des linken Oberarms noch verbreitert. Die rechte Hand wird zur Lagestabilisation des Kindes auf den Schulterblattbereich des Kindes gelegt oder schöpft gelegentlich Wasser auf den Rücken des Kindes. Die Arme des Kindes können sowohl an den Schultern des Erwachsenen ruhen als auch mit den Händen im Wasser planschen (vgl. Abb. 15).

Anwendung

Eignet sich zum Unterrichtsbeginn, da der Griff viel Körperkontakt ermöglicht, dem Kind Sicherheit von der Lage her gewährleistet und es bei freier Sicht räumlich akklimatisiert. Der Griff kann auch variiert eingesetzt werden, indem die Eltern nach dem Ablegen des Kindes auf der Schulter mit beiden Händen an dessen Füße fassen, um diese zu führen

Abb. 15

und damit zur Eigenbewegung (z. B. zum Strampeln und Treten) zu animieren. Auch eine Fußmassage für das Kind kann in dieser Position erfolgen.

Vor- und Nachteile des Griffs

Die Eltern können die Beinbewegungen der Kinder optimal beobachten. Blickkontakt und Kontrollblick der Eltern zum Gesicht des Kindes sind nicht gegeben. Weil sich die Kinder mit ihren Armen z. T. auf der elterlichen Schulter abstützen, fehlt manchmal lebhafte Bewegung.

Anmerkungen

Die Eltern gehen rückwärts, damit die Beine des Kindes auftreiben und das Kind in der vorwärts gerichteten Fortbewegung unterstützt wird. Sie tauchen ihren Oberkörper so weit ein, dass sich ihre Schultern knapp über der Wasseroberfläche befinden.

Spielanregungen

- Streichungen: Vom Nacken bis zu den Fußsohlen beidhändig den Körper ausstreichen. Ebenso unterhalb des Körpers von der Brust bis zum Fußrist den Körper mit festem Handauflegen berühren.
- Passives Beinstrampeln: Die Oberschenkel des Kindes mit beiden Händen fassen und seine Beine wechselseitig oder gleichzeitig auf- und abbewegen mit Pausen, in denen es die Bewegung nachempfinden kann.
- Aktives Beinstrampeln: Mit Wasserspritzern oder Füßekitzeln oder Druck auf die Fußsohlen die Beine zum Strampeln anregen.
- Fußmassage: Die Füße mit den Daumen massieren.
- Beinlockern und Körperturnen: Die Hände an die Körperseiten des Kindes legen und die Beine seitlich auf- und abbewegen. Stützt das ältere Kind (ca. neun Monate) seine Hände auf den Schultern der Eltern, so kann man die Beine so weit anheben, dass das Kind in den Handstand gelangt.

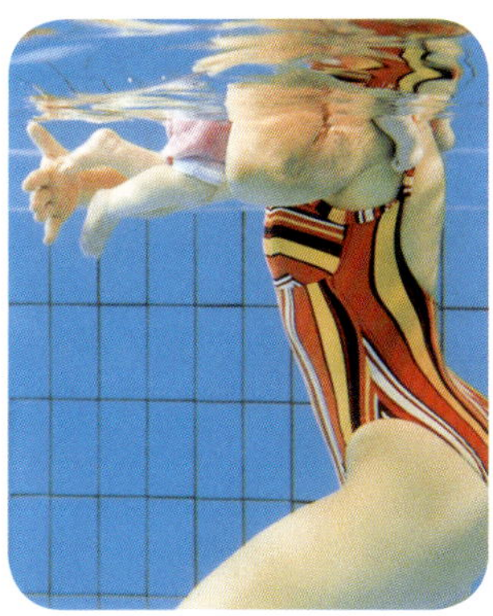

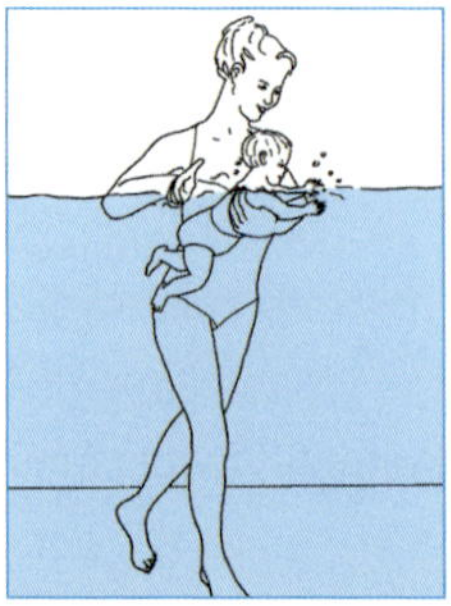

P Einhändiger seitlicher Bauchlagegriff mit Oberarmsicherung auf dem Unterarm des Elternteils – Karussell

Alter für die Anwendung

Griff im zweiten Lebenshalbjahr einsetzen, weil dann der Schultergürtel ausreichend muskulär gefestigt ist. Der Griff soll nur bei Kindern angewandt werden, die sich bereits dem Umfeld zuwenden und nach Selbstständigkeit streben.

Handling

Aus dem frontalen Achselgriff wird das Kind um 90° nach rechts gedreht und mit der Brust so auf dem Unterarm der haltenden Person abgelegt, dass sich das Kind nun in der Bauchlage befindet. Daumen und Zeigefinger der linken Hand bilden dabei einen Ring um den Oberarm des Kindes. Die Ringhaltung muss locker ausgeführt werden, um die Blutzirkulation nicht zu behindern. Die rechte Hand wird von der Achsel des Kindes gelöst und kann den Rücken des Kindes nass streichen. Die Haltehand wird direkt vor dem Körper des Erwachsenen gehalten, damit Körperhaltung, Blickrichtung und Gesichtsausdruck des Kindes im Profil beobachtet werden können. Beim Hochhalten darf der Rücken keine Hautfalten aufweisen, die auf eine Überstreckung der Wirbelsäule hinweisen; das Kinn des Kindes befindet sich über der Wasseroberfläche. Schultertiefes Eintauchen der Eltern und gleiche Kopfhöhe mit ihrem Kind sind wichtig (vgl. Abb. 16).

Abb. 16

Anwendung

Dieser Griff eignet sich für Massagen an Füßen und im Nacken- und Rückenbereich sowie zur Anregung der Beinaktivität durch geführte Beinkickbewegungen. Die freie Hand kann durch Wasserspritzer die Eigenaktivität des Kindes anregen oder durch Umfassen des Oberschenkels in der Hüftbeuge zum Herausheben des Kindes eingesetzt werden (Fliegerspiele). Legt man die Hand an den Hinterkopf, so kann das Kind in die ruhige Rückenlageposition (Relax (S)) gebracht werden.

Vor- und Nachteile des Griffs

Der Griff bietet dem Kind ein freies Blickfeld und Bewegungsfreiheit in den Beinen. Die Lage des Kindes ist durch den Oberarmring mit der Hand gut zu stabilisieren; dabei treten kaum Balanceschwierigkeiten oder Halteunsicherheiten auf, wenn der Unterarm parallel zur Wasseroberfläche gehalten und ziehend bewegt wird. Fremdelnde Kinder oder nach Körperkontakt suchende Kinder drehen sich häufig zum Körper der Eltern und sind dann nicht längerfristig in diesem Tragegriff zu halten. Von der haltenden Person wird statische Haltekraft beansprucht, da dieser Griff mit gestrecktem Haltearm (langer Hebel) ausgeführt wird. Der Oberarmring vermindert die freie Beweglichkeit der Arme des Kindes. Ständiger Blickkontakt ist nicht möglich.

Anmerkungen

Die Eltern bewegen sich drehend oder seitwärts durch das Wasser. Die Oberarmringhaltung kann auch in der Weise aufgelöst werden, dass man die Hand unter der Achsel des Kindes durchschiebt, sodass sie an der Rückseite des Oberarms sichernd stützt.

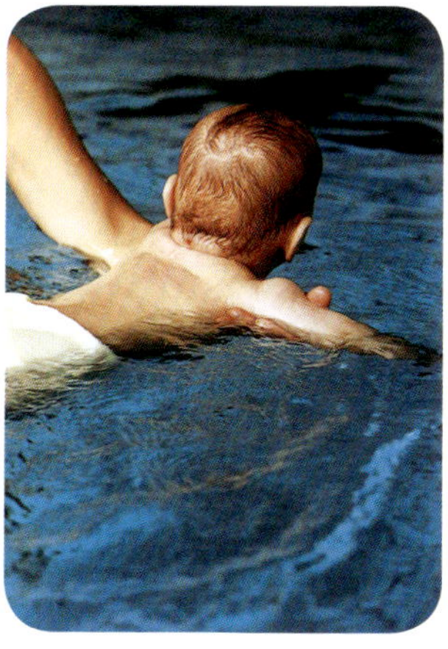

Spielanregungen

- Delfinwelle: Die freie Hand auf das Gesäß des Kindes legen und dieses leicht herunterdrücken sowie auftreiben lassen.
- Flugzeug: Die Arme unter die Arm- und Hüftbeuge des Kindes legen, es anheben und auf dem Wasser landen lassen, sodass Haut und Beine aktiviert werden.
- Kopf hoch: Die freie Hand an den Hinterkopf des Kindes legen und das Kind leicht zurücklegen, sodass es sich aufzurichten versucht.
- Beinschütteln: Die freie Hand schüttelt das körpernahe Bein aus (Handwechsel).
- Streichungen: Mit der freien Hand sowohl die Unter- als auch die Oberseite des Körpers vom Kopf fußwärts bestreichen oder durch Wasserwirbel anregen.

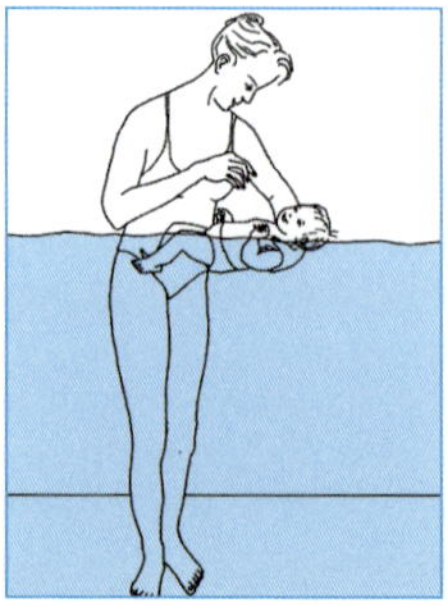

Q Einhändiger seitlicher Rückenlagegriff mit Schultersicherung - Armwiege

Alter für die Anwendung

Besonders in den ersten Lebensmonaten (bis vier bzw. fünf Monate) anwenden, da die Kinder in diesem Alter ihren Körper besser in der Rückenlage stabilisieren können und keine Haltekraft für den Kopf aufwenden müssen. Ist das Kind in der Lage, sich selbstständig von der Rücken- in die Bauchlage zu drehen, so lehnt es häufig die Rückenlage im Wasser ab. Erst ab dem ersten Lebensjahr wird die Rückenlage häufig wieder akzeptiert.

Handling

Das Kind befindet sich im frontalen Armtragegriff auf der Herzseite. Die linke Hand stützt großflächig den Rücken im Schulter- und Lendenbereich. Die rechte Hand fasst diagonal über den Körper an das äußere (rechte) Schultergelenk des Kindes. Mit Daumen und Zeigefinger wird ein Ring gebildet. Der Unterarm stützt den Hinterkopf des Kindes. Über die Längsachse wird das Kind in die Rückenlage gebracht. Der Körper soll möglichst tief im Wasser liegen. Das Gesicht bleibt wasserfrei, der aus dem Wasser herausragende Brustbereich wird mit der freien Hand mit Wasser benetzt. Lehnen Kinder auch die Kopflage im Wasser ab, wird der Kopf höher mit wasserfreien Ohren gestützt. Der Tragende steht aufrecht mit dem Gesicht über das Kind gebeugt, sodass Blickkontakt besteht (vgl. Abb. 17).

Anwendung

Die Rückenlage dient als zwischenzeitliche Erholungspause für das Kind und zur Armentlastung für die Eltern. Außerdem sollten dem Kind im ersten Lebensjahr wech-

Abb. 17

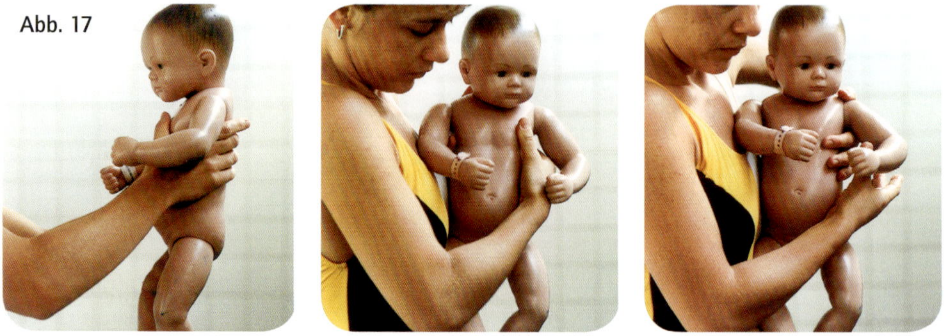

selnde Bewegungs- und Lagereize angeboten werden, da es sich noch nicht selbstständig drehen oder fortbewegen kann. Somit wird Einseitigkeiten entgegengewirkt, die zu Fehlbelastungen oder Fehlstellungen führen könnten. In Rückenlage werden für das Kind die wahrnehmbaren visuellen Reize reduziert. Der Auftrieb wirkt in Rückenlage besonders günstig, wodurch Muskel- und Gelenksysteme entlastet werden. Diese physikalische Veränderung wird vom Kind sinnlich wahrgenommen und stimuliert die Haut- und Lagesinne (Gleichgewichtsorgane, Haut).

Vor- und Nachteile des Griffs

Durch die Fixierung wird Haltesicherheit erzeugt. Die andere Hand ist frei, weshalb dieser Griff auch für das häusliche Waschen in der kleinen Badewanne empfohlen wird. Doch kann das Kind den fixierten Arm nicht bewegen.

Anmerkungen

Den Schulterring nur locker halten. Die Eltern bieten ihren Kindern Blickkontakt. Ist ein Kind der Rückenlage abgeneigt, so ist der Kopf höher (Ohren wasserfrei) zu halten und mit der freien Hand wird den Fußsohlen Hautkontakt gegeben, damit das Kind Sicherheit fühlt.

Spielanregungen

- Wasserwiege: Die freie Hand in die Kniebeuge legen und das Kind kopf- und fußwärts gerichtet hin- und herschaukeln.
- Nah und fern: Das Kind von der Brust mit lang ausgestrecktem Arm in die Ferne bewegen (Hand- und Seitenwechsel).
- Küsschenspiel: Sich über das Gesicht des Kindes beugen und liebkosen (verschiedene Stellen seines Körpers mit dem Mund berühren).
- Beingymnastik: Die Beine des Kindes einzeln beugen und lang strecken.
- Rückengleitlage: Das Kind kopfwärtig durch das Wasser ziehen, dabei Blickkontakt wahren.

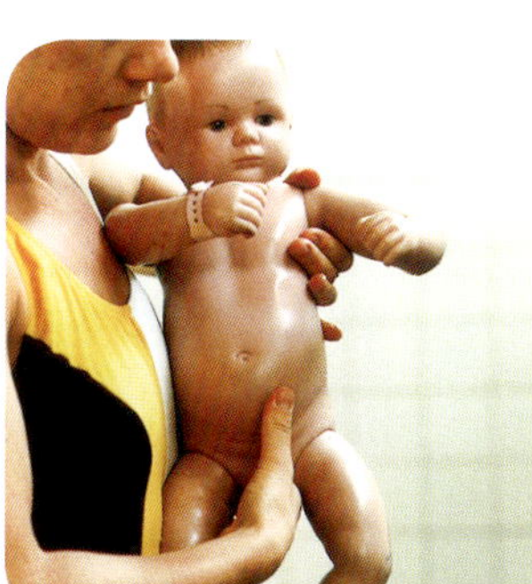

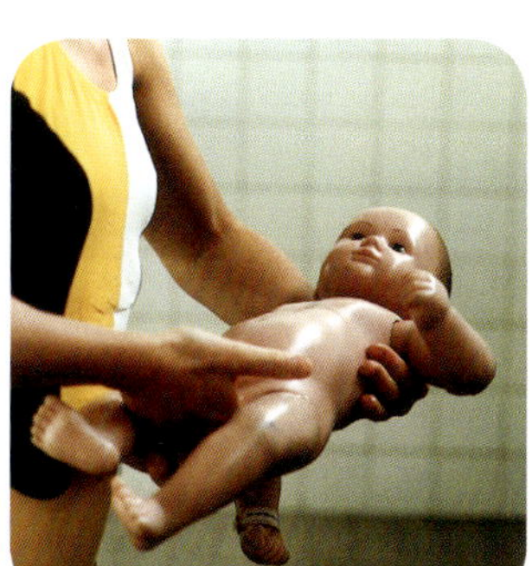

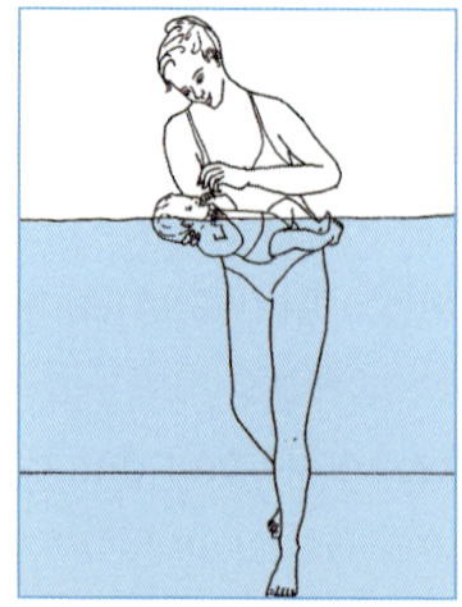

R Einhändiger seitlicher Rückenlagegriff – Wasserbett

Alter für die Anwendung

Der Griff eignet sich gut für Säuglinge in den ersten Monaten, die noch gerne auf dem Rücken liegen. Bei älteren und sehr aktiven Säuglingen, die sich bereits häufig auf den Bauch drehen, hängt es von der Situation und Tagesform ab, ob sie diese Rückenlage akzeptieren. Spielen sie mit einem Gegenstand oder ihren Händen oder sind bereits etwas müde, so nehmen sie diese reizärmere Lage gerne an. Wenn ein Säugling seine Wasserempfindlichkeit im Kopfbereich abgelegt hat, kann man den Hinterkopf ins Wasser hineinbetten.

Handling

Aus der Gegenüberstellung wird der Säugling in die Daumen-Zeigefinger-Gabel nach rechts auf die Körperseite gekippt; dabei stützen der Zeige- und Mittelfinger den Nackenbereich des Säuglings ab, um ein Rückfallen des Kopfs zu verhindern. Nun schiebt sich die linke Hand an den Hinterkopf des Kindes, sodass der Handwurzelballen die Schulterblätter stützt und die Finger den Nackenbereich bis an den Hinterkopf überspannen. Liegt das Kind ruhig und ausbalanciert im Wasser, kann sich die rechte Hand lösen, um zum Erlangen der Aufmerksamkeit des Kindes mit den Fingern zu spielen. Das Kind sollte so tief im Wasser liegen, sodass nur noch das Gesicht herausschaut. Der Auftrieb des Wassers bewirkt bei tiefer und entspannter Körperlage (Ohren im Wasser), dass das Kind nahezu selbstständig schwebt und nur geringfügig unterstützt werden muss. Bei unruhiger Körperlage sichert die rechte Hand am Brustbein. Man kann das

Abb. 18

Kind je nach Belieben sowohl frontal vor dem eigenen Körper als auch seitlich gedreht durch das Wasser ziehen (vgl. Abb. 18).

Anwendung

In diesem Griff erholen sich die Kinder in Unterrichtspausen und zum Unterrichtsende, wenn sie von der muskulären Anstrengung und den Reizen ermüdet sind. Fühlen sich die Kinder in dieser Lage bei der geringen Unterstützung wohl, ist dies ein Zeichen für ihr Vertrauen ins Wasser und in die Bezugsperson und die Fähigkeit zu entspannen. In Rückenlage werden nämlich einige Reize ausgeschaltet (In-sich-Gehen) und der Auftrieb, welcher den Körper insgesamt entlastet, wird optimal genutzt.

Vor- und Nachteile des Griffs

Die Eltern leisten geringe muskuläre Haltearbeit; bei älteren und unruhigen Kindern ist das einhändige Halten mitunter unsicher, kann aber durch die zweite Hand am Brustbein stabilisiert werden. Fremdelnde oder Körperkontakt suchende Kinder drehen sich häufig zum Körper der Eltern oder möchten das Gesicht der Eltern an ihrem spüren, wenn sie in dieser Lage liegen. Die visuelle Reizaufnahme für das Kind ist nur gering, wird jedoch in der Entspannungsphase auch nicht gewünscht.

Anmerkungen

Die Eltern sollten sich ihrem Kind stets so zuwenden, dass sie es zur friedlichen Akzeptanz dieser Lage durch Blickkontakt, ruhiges Zusprechen oder Wangennähe einstimmen können.

Spielanregungen

- Rückenschleife: Das Kind wird von der linken in die rechte Hand übergeben, indem das Gesicht stets der elterlichen Brust zugewandt wird.
- Rückengleitlage: Der Tragende geht seitwärts und zieht das Kind kopfwärtig durch das Wasser, dabei werden die aus dem Wasser ragenden Körperteile stets nass gestrichen.
- Gesichtsbetrachtung: Das Kind wird durch das Wasser bewegt, sodass der Erwachsene es von verschiedenen Seiten betrachten kann und das Kind unterschiedliche Ansichten vom elterlichen Gesicht erhält.
- Bauchprusten: Das Kind wird auf einer Hand gehalten, die andere fasst stabilisierend unter das Gesäß, sodass die Eltern den kindlichen Bauch zum Kitzeln anprusten können.
- Füßezeigen: Das Kind wird auf einer Hand gehalten, die andere umfasst ein Bein und zeigt dieses dem Kind, damit es anfängt, sich dafür zu interessieren.

S Einhändige rückwärtige Rücklageposition des Kindes mit Kopfablage – Relax

Alter für die Anwendung

Weil Säuglinge unter sechs Monaten als Liegekinder noch die Rückenlage der Bauchlage vorziehen, ist es angebracht, diese häufiger einzunehmen. Das Kopfheben fällt ihnen in der Bauchlage noch schwer, weil sie hier muskulär schnell ermüden. Ältere Säuglinge bevorzugen dagegen die Bauchlage, da sie aus dieser Position ihre Umgebung besser beobachten können und bereits bestrebt sind, ihre Fortbewegung in der Bauchlage zu üben.

Handling

Aus dem frontalen Achselgriff wird das Kind um 90° nach rechts gedreht und bäuchlings auf den linken Unterarm gelegt, sodass die rechte Hand gelöst werden kann. Mit der rechten Hand wird nun der Hinterkopf des Kindes gestützt und das Kind in die Rückenlage gekippt, bis der Kopf auf der Schulter aufliegt. Nun kann sich die rechte Hand wieder lösen und ist frei zum Hantieren (vgl. Abb. 19).

Anwendung

In dieser Position können sich sowohl das Kind als auch die Eltern entspannen. Das Kind wird vom Kopfhalten, die Eltern werden vom Tragen und Heben entlastet. Während die jüngeren Säuglinge gerne flach in der Rückenlage liegen, sollte man ältere Kinder eher in einer Sitzlageposition halten, weil sie so das Umfeld besser beobachten können und sich ruhiger verhalten. Der Griff kann auch variiert werden, indem die tragenden Hände die Waden oder Fußsohlen des Kindes umgreifen.

Abb. 19

Anmerkungen

Die Schultern der Eltern befinden sich deutlich über der Wasserlinie, damit das Kind beim Ausruhen kein Wasser schluckt. Der Auftrieb des Körpers und die Lage des Kopfs auf der Schulter reichen aus, den Körper ohne festzuhalten so zu sichern, dass der Kopf nicht von der Schulter rutscht.

Spielanregungen

- Füße begrüßen: In der Gegenüberstellung mit einem anderen Eltern-Kind-Paar werden gegenseitig die Füße berührt.
- Fußabdruck: Die Eltern halten ihre Hände unter die Fußsohlen ihrer Kinder, sodass diese sich davon abdrücken können.
- Fußmassage: Die Eltern massieren die Innen- und Außenkanten der Fußsohlen und Wadenbeine, sodass die Zehen sich unwillkürlich spreizen.
- Zehenzählen: Die Beine hochhalten, die Zehen einzeln berühren und dabei zeigen.
- Beingymnastik: Der Tragende fasst die Wadenbeine und drückt abwechselnd oder gleichzeitig die Beine gegen den Bauch; oder er spreizt und schließt die Kinderbeine über dem Wasser, sodass das Kind seine Beine betrachten kann.
- Wirbelsäule aufrollen: Der Erwachsene fasst an die Oberschenkel und Wadenbeine des Kindes und schwenkt die Beine in Richtung des Kopfs auf und ab.

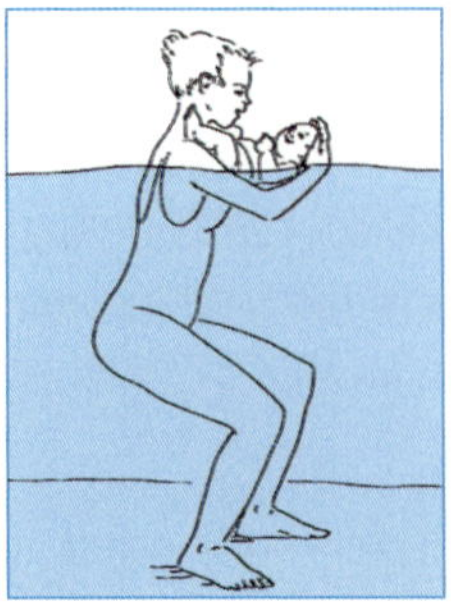

T Beidhändiger frontaler Rückenlagegriff – Kopfschale vis-à-vis

Alter für die Anwendung

Für Säuglinge unter sechs Monaten wegen der großen Unterstützungsfläche zur Kopf- und Körperstabilisation sehr gut geeignet.

Bei Säuglingen, die bereits die Bauchlage vorziehen, kann die angeführte Position auch zum Sitzen – mit einem Spielzeug – abgewandelt werden.

Handling

Aus dem Achselgriff heraus wird das Kind leicht seitlich gelegt, ein Unterarm wird unter dessen Rücken geschoben, bis die Innenhand als Schale den Hinterkopf des Kindes stützt. Der andere Arm wird entsprechend parallel unter die andere Körperseite des Kindes gelegt. Die Füße liegen auf beiden Schultern des Tragenden. Es ist darauf zu achten, dass die Fußsohlen des Kindes nicht die Brust des Tragenden berühren, da es durch den Fußsohlenreiz versucht ist, sich abzudrücken (vgl. Abb. 20).

Anwendung

Zum Ende des Unterrichts sollen Entspannung und Ruhe einkehren. Der Körper hat nach der Anstrengung das Bedürfnis danach. Dieser Griff lässt körperlich und seelisch unter intensivem Blickkontakt und Ansprache entspannen.

Abb. 20

Vor- und Nachteile des Griffs

Durch das beidarmige Halten ist das Kind sicher, großflächig und stabil gelagert und verspürt intensiven Haut- und Blickkontakt. Demgegenüber wird die Auftriebskraft des Wassers nicht ausgenutzt und dem Kind wenig Bewegung abverlangt.

Anmerkungen

Das Gesäß des Kindes befindet sich auf Brusthöhe des Erwachsenen. Die Füße des Kindes ruhen auf den Schultern bzw. seitlich des Halses. Die Kinder genießen in dieser Position innige Ansprache und den Blickkontakt. Dabei spielen sie gern mit Händen und Mund am Spielmaterial.

Spielanregungen

- Füße anknabbern: Die Eltern fassen die Füße und führen diese an den Mund.
- Finger lutschen: Die Eltern schnappen mit ihrem Mund die Finger des Kindes und lutschen daran.
- Aufgesessen: Das Kind aus der Rückenlage aufrollen in den Sitz, sodass seine Beine rechts und links vom Hals gelagert sind.
- Wiegen: Das Kind unter ständigem Blickkontakt rechts und links auf dem Wasser wiegen.
- Flüstern: Dem Kind unter leichtem Anheben abwechselnd ins linke und ins rechte Ohr flüstern.

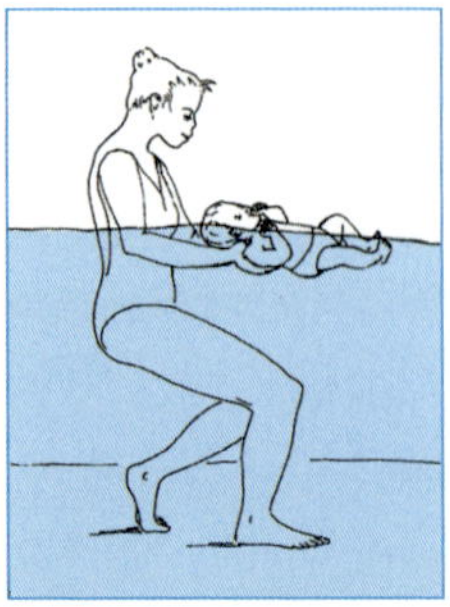

U Beidhändiger rückwärtiger Rückenlagegriff an den Schultern – Schlepp

Alter für die Anwendung
Für Kinder ab dem dritten Lebensmonat geeignet, wenn ihr Kopf bereits an das Wasser gewöhnt ist. Ab ungefähr dem achten Monat wird die Rückenlageposition von den Kindern nicht mehr gerne eingenommen, weil ihre zunehmende Wahrnehmung sie anregt, sich aufzurichten.

Handling
Aus der Gegenüberstellung wird die rechte Hand gelöst und flach an die rechte Schulter des Kindes mit den Fingerspitzen zum Schulterblatt und dem Daumen am Schlüsselbein gelegt, der Kopf des Kindes liegt dabei auf dem Unterarm. Mit diesem Griff wird das Kind über die Seite in die Rückenlage gedreht.

Nachfolgend wird die linke Hand von der Taille gelöst und an die linke Schulter des Kindes gelegt, nun liegt das Kind mit den Schultern auf beiden Händen, der Kopf wird auf den Unterarmen gestützt und der Blick richtet sich von oben auf das Kind.

Anwendung
In dieser Lage kann sich das Kind entspannen, sein Körper wird durch den Auftrieb vollständig entlastet, die Arme sind frei, um z. B. einen Gegenstand zu halten, die Beine können ungehindert strampeln. Wird das Kind schlängelnd durch das Wasser gezogen, wird es in dieser Haltung zur Bewegung herausgefordert. Wird das Kind gegen einen Widerstand (z. B. Beckenrand, Hände, Rücken, Matte) geschoben oder dreht es leicht um die Längsachse, so regen die Berührungs- und Lageveränderungsreize die Zehen- und Beinaktivitäten an.

Der Griff soll jedoch im Wesentlichen der Entspannung dienen, um die Haltemuskulatur zu entlasten und die Reize abzuschwächen. Die Konzentration des Kindes ist auf die Bezugsperson gerichtet, die durch leichtes seitwärtiges Schaukeln, Wiegelieder oder Musik seine körperliche und seelische Anspannung herunterregelt.

Vor- und Nachteile des Griffs

Die Lage des Kindes auf dem Wasser beansprucht die Eltern körperlich wenig. Der „verkehrte" Überkopfblick ist für die Eltern-Kind-Kommunikation ungewohnt.

Anmerkungen

Das Überkopfzuneigen und -halten vermittelt dem Kind Nähe und Sicherheit. Dazu taucht der Tragende etwa kinntief ein und berührt wechselseitig die Wangen des Kindes mit den eigenen.

Spielanregungen

- Abstoßen von der Wand: Die Fußsohlen des Kindes gegen die Wand schieben, bis es die Berührung offensichtlich spürt und mit den Beinen dagegen drückt. Mit der aktiven Beinbewegung das Kind wegziehen.
- Tunnel durchqueren: Rückwärtiges Ziehen des Kindes durch z. B. eine Lochmatte. Mit dem Fingerspiel einen Blickanreiz geben.
- Schlängeln mit taktilen Reizen: Seitliches Schlängeln mit Rhythmusveränderungen und Berührungsreizen an den Körperseiten, z. B. entlang einer Mattenpassage oder der Beckenwand.
- Schmusen: Eltern gehen rückwärts und ziehen das Kind rechts- und linkswangig zu sich heran.
- Strampelfußball mit Strandball: Eltern gehen vorwärts und verfolgen mit den kindlichen Beinen einen großen Ball, der getreten werden soll.

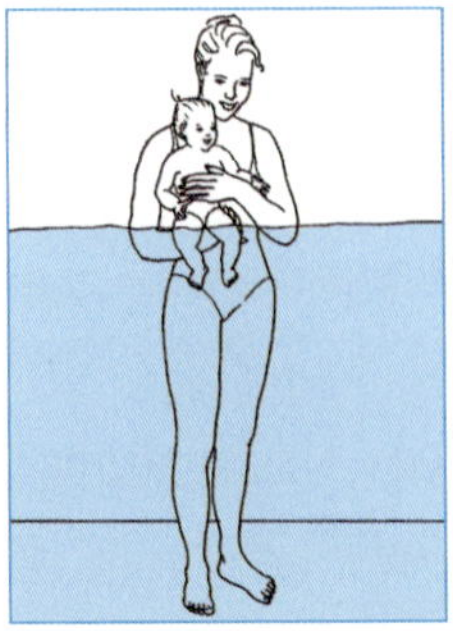

V Einarmiger Tragegriff in der Sitzposition des Kindes für Sprünge mit zwei Bezugspersonen – Armsitz

Alter für die Anwendung

Für Kinder ab dem achten Lebensmonat geeignet, wenn sie die Entwicklungsstufe des alleinigen Sitzens erreicht haben.

Handling

Das Kind wird aus dem frontalen Achselgriff um 180° nach links gedreht und auf dem rechten Unterarm abgelegt. Die linke Hand löst sich aus dem Achselbereich und wird angewinkelt und mit der Handinnenfläche nach oben unter das Gesäß geschoben.

Nun wird das Kind mit rechts auf den linken Unterarm gesetzt. Die elterliche Brust dient dem Kind als Rückenlehne. Die rechte Hand sichert das Kind auf dem Brustbein vor dem Nachvornneigen. Zum Absprung wird die sichernde Hand gelöst (vgl. Abb. 21).

Abb. 21

Anwendung

Dieser Griff wird im Schwimmbecken mit einem unvorteilhaften Beckenrand (z. B. keine Griffkante) empfohlen. Die Kinder können aus dieser Halteform ihre ersten Sprungerfahrungen machen. Der stützende Arm kann in der Höhe über der Wasseroberfläche variiert werden, d. h, die Höhe wird methodisch gesteigert und mit ihr der allmähliche Aufbau der Übungsschwierigkeit.

Dem Kind wird vor dem Abkippen ein visuelles Ziel (z. B. anderer Elternteil, Ball o. Ä.) aufgezeigt. Dieser Reiz löst die Motivation zum Bewegen dorthin aus. Begonnen wird mit einem auf dem Wasser liegenden Gegenstand, den das Kind anvisiert. Es lehnt sich aus seinem aufrechten Sitz nach vorne und wird mit der rechten Hand aufgefangen und zum Gegenstand begleitet.

Die Übung eignet sich besonders – statt mit einem Gegenstand – mit einer zweiten Person, die beobachtend den Abstand zum Kind verändern kann. Wenn die Sprungweite vom Elternteil nach einiger Erfahrung eingeschätzt werden kann, können die Kinder zum Beckenrand, zur Treppe oder zur fixierten Schwimmmatte hinhechten.

Beim Hechten zu fixierten Gegenständen eignet sich zu Übungsbeginn die weiche Schwimmmatte. Sie vermeidet im Falle der Fehleinschätzung des Abstands Verletzungen und schürt keine Angst vor Verletzungen.

Vor- und Nachteile des Griffs

Die Absprunghöhe ist sehr variabel. Weil es die Kinder bevorzugen, zu den Eltern hinstatt wegzuspringen, wären dafür beide Elternteile erforderlich oder ein anderer gegenständlicher Anreiz am Beckenrand.

Es hat sich herausgestellt, dass bei ein-elterlicher Ausführung Unsicherheiten entstehen, welche Distanz zu wählen ist. Um Verletzungen vorzubeugen, ist stets eine größere Dis-

tanz angebracht, damit das Kind mit ausgestreckten Armen darauf zugleitet und von dem Elternteil von hinten zusätzlich noch etwas angeschoben werden kann.

Anmerkungen

Sollte ein Kind ängstlich sein, ist unbedingt Geduld zu üben; keinesfalls darf man das Kind „mit Gewalt" nach vorn kippen. Der angezielte Elternteil soll sich nicht bewegen, damit das Kind das Ziel fixieren und die Entfernung einschätzen kann, bis es zum Start bereit ist.

Wichtig ist, dass das Kind nicht aufrecht aus dem Griff nach unten rutscht, sondern sich aus dem Sitzen mit dem Oberkörper nach vorne legt, die so genannte Bauchplatscherhaltung einnimmt, bei welcher der Körper mit dem Bauch auf das Wasser fällt.

Spielanregungen

- Wackelpeter: Das Kind wird zur Stimulation des Gleichgewichts vom Armsitz langsam auf den sichernden Arm nach vorne gekippt und von diesem wieder zurück in die Sitzposition geschoben. Durch das Signal „1-2-3" wird der Zeitpunkt zum Abgleiten angesagt.
- Haschen und Hechten: Das Kind oder ein Elternteil wirft einen Gegenstand weg, der durch einen kleinen Sprung vom elterlichen Arm wieder eingeholt wird. Dabei können die Eltern durch ihre Armlänge die Höhe und Flugweite des Kindes mitbestimmen. Der freie Arm fängt das Kind unter der Brust auf.
- Sprung zur Matte aus dem Sitz: Bei „1-2-3-hopp" springt das Kind vom Arm des Elternteils mit ausgestreckten Armen zur Matte, sodass es sich dort stützen und abfangen kann.
- Sprung zur Matte aus dem Stand: Bei „setzen, stellen, hopp" bietet der freie Arm den Füßen eine Standfläche zum Aufstellen und das Kind springt zur Matte.
- Balance halten: Das Kind soll sich im Sitzen ausbalancieren, d. h., man gibt ihm nur noch selten die Möglichkeit, sich anzulehnen.

Unterwasseransicht: Untertauchen nach dem Absprung vom Armsitz

W Beidhändiger frontaler Taillengriff oder Sandwichgriff zum Springen aus dem Sitz („Abfaller“) oder Stand („Kran“) auf dem Beckenrand oder der Treppe

Alter für die Anwendung

Der Abfaller aus dem Sitzen ist für Kinder ab dem achten Monat geeignet, wenn sie das alleinige Sitzen beherrschen. Das freie Stehen wird allgemein ab dem 10. Lebensmonat erreicht; dann kann die Übung auch aus dem Stand erfolgen.

Handling

Die Hände werden in der Taille angesetzt, mit den Daumen auf den Rippenbögen und den Fingern auf den Schulterblättern. Zum kopfwärtigen Abgleiten aus dem Sitz ist darauf zu achten, dass die Kniekehlen des Kindes mit der Sitzkante (Beckenrand) abschließen; die locker herabhängenden Unterschenkel stabilisieren die Haltung.

Mit dem Strecken der Arme in die Vorhalte setzt die Bereitschaft zum Abgleiten ein; sie wird durch Vorbeugen des Oberkörpers ausgelöst, wobei sich der Bauch des Kindes seinen Oberschenkeln nähert. Diese Haltung ist recht exakt einzunehmen, um zu gewährleisten, dass sich das Kind beim Absprung von der Wand entfernt und sich nicht verletzen kann.

Durch Wortsignale wird das Kind auf den Zeitpunkt des Fallens vorbereitet („1-2-3"). Es lernt, sich darauf einzustellen und ist vor unerwarteten (negativen) Überraschungen geschützt. Das Kind zeigt das erwartete Eintauchen des Kopfs ins Wasser durch den Augen- und Mundschluss sowie das Atemstocken an. Wenn diese Kriterien beachtet werden, kann der Kopf des Kindes kurzzeitig mit ins Wasser eintauchen, indem man das Kind erst später auffängt. Nimmt das Kind diesen Verlauf bereitwillig auf, so kann die Tauchzeit verlängert werden (1, 2, 3 Sekunden). Beginnt das Kind, auch die Beine zu bewegen, so wird es erst nach dem eigenständigen Auftauchen vom Tragenden wieder aufgenommen.

Wird das Abgleiten aus dem Stand von den Treppenstufen aus geübt, so soll das Kind anfangs bauchtief im Wasser sitzen, weil es noch nicht abspringt, sondern sich lediglich nach vorne beugt oder auch häufig senkrecht bleibt. Bei letzterer Variante besteht Verletzungsgefahr.

Ist das Kind noch unentschlossen und verlangt Körperkontakt, so reicht der Erwachsene ihm die Daumen zum selbstständigen Festhalten. Um beim Vorfallen des Kindes einem Zusammenprall auszuweichen, werden die Arme lang gestreckt und die Füße stehen dabei in Schrittstellung, um auf das zurückgestellte Bein nach hinten ausweichen zu können.

Abb. 22

Die elterlichen Hände werden an der Wasseroberfläche gehalten, auf die sich das Kind im Flug stützen (nicht hängen) kann. Die Haltung schützt vor Hand-, Ellbogen- oder Schultergelenkverletzungen (vgl. Abb. 22).

Anwendung

Der Griff dient dem Anbahnen des kopfgesteuerten Gleitens und Springens.

Vor- und Nachteile des Griffs

Ein zu geringer Abstand zwischen Eltern und Kind, wozu die Eltern aus übertriebener Sorge oft neigen, birgt Verletzungsgefahr. Das Kind darf nicht ins Wasser gezogen, sondern lediglich motiviert und unterstützt werden, damit das Fallen aus eigenem Antrieb zustande kommt.

Das Auflösen der Hilfestellung ist wegen des zu verringernden Körperkontakts ein schwer abzustimmender Prozess. Wird der Schwierigkeitsgrad gesteigert, bedarf es stetiger Wiederholungen und Unterstützung, um Sicherheit und Vertrauen zu gewinnen.

Anmerkungen

Bei Sprungübungen ist darauf zu achten, dass das Kind nach ersten, ganz einfachen Wiederholungen den Zeitpunkt seiner Sprungbereitschaft selbst bestimmt; anfangs kann das Kind durch Klatschen, Spritzen, Anbieten und deutliches Zeigen der Hände dazu ermutigt und veranlasst werden. Übereifrige Kinder sind zu bremsen, um das Sprungtiming zwischen Eltern und Kind aufeinander abzustimmen. Erst muss die Sicherheit gewährleistet sein! Ein Dreierzählrhythmus trägt dazu bei, die Sicherheit und gemeinsame Aufmerksamkeit zu unterstützen.

Die Eltern können anfangs frontal zum Kind stehen, weil das Kind noch nicht weit springt und sich nur vorwärts direkt auf den Erwachsenen hin orientiert. Bei zunehmender Sprungweite ist die elterliche Schrittstellung zum Ausweichen erforderlich. Es ist zu bedenken, dass der Wasserwiderstand kein schnelles Rückwärtsausweichen ermöglicht. Eine seitliche Stellung ist deshalb vorteilhafter. Dann muss dem Kind allerdings die Sprungstelle auf der Wasseroberfläche angezeigt werden (durch Handpatschen), weil es andernfalls doch wieder direkt auf die Eltern zuspringen wird.

Um das weite Springen zu fördern, kann in der seitlichen Stellung auch eine Hand gereicht werden.

Spielanregungen

- Abfaller aus dem Sitzen frontal: Das Kind sitzt auf dem Beckenrand. Man klatscht in die Hände, damit es aufmerksam wird, fasst es dann in der Taille und fordert es auf, sich bei „1-2-3" nach vorne zu beugen, um ins Wasser zu fallen. Bei diesem Bauchplatscher spritzt Wasser ins Gesicht. Schützt sich das Kind davor, indem es Mund und Augen schließt, kann es nach einigen Versuchen mit dem Gesicht kurz ins Wasser eintauchen.
- Abfaller aus dem Sitzen seitlich: Das Kind wird auf den Beckenrand gesetzt und einhändig im Achselbereich gesichert, während die andere Hand auf das Wasser patschend die Aufmerksamkeit des Kindes erregt. Dabei nimmt es auch die Tiefe wahr. Nun legt der Elternteil wie beim Sandwichgriff eine Hand an die Brust und eine Hand an die Schulterblätter des Kindes, stellt sich also seitlich zum Kind auf. Leichtes Vor- und Rückneigen und Anzählen „1-2-3" regen das Kind an, sich ebenfalls nach vorn zu neigen und ins Wasser abzufallen.
- Springen aus dem Stand: Steht das Kind bereits selbstständig auf dem Beckenrand, so ist der frontale und seitliche Taillengriff (s. o.) anzuwenden. Auch wenn das Kind bereits eigenständig hineinspringen kann, müsste auf Grund der geringen Absprungweite stets Körperkontakt zum Kind bestehen, insbesondere, um den Hinterkopf und Rückenbereich zu schützen. Zudem sollte stets eine als Sprungziel auf der Wasseroberfläche liegende bzw. patschende Hand dem Kind Zielorientierung bieten. Auf Grund der Verletzungsgefahren an den Hand-, Ellbogen- und Schultergelenken ist auf das Halten an den Händen nach Möglichkeit zu verzichten. Vorteilhafter ist es, den Rumpf zu sichern.

X Beidhändiger rückwärtiger Rückentragegriff mit Sicherung an den Oberschenkeln – Reiter

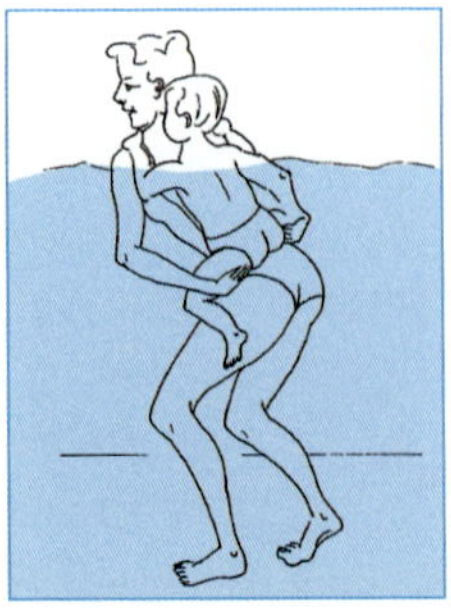

Alter für die Anwendung

Der Reitergriff ist für Kinder am Ende des ersten Lebensjahres geeignet, die bereits das alleinige Sitzen beherrschen, deren Schultergürtelmuskulatur schon für den kurzfristigen Hang an beiden Händen kräftig genug ausgebildet ist und die sich nach Aufforderung bereitwillig an den elterlichen Schultern festhalten können.

Handling

Der Erwachsene setzt sich das Kind mit dem Rücken angelehnt an die eigene Brust auf den angehobenen Oberschenkel. Die elterlichen Hände lösen sich aus der Taille des Kindes und bieten dem Kind die Zeigefinger zum Anfassen an. Der Daumen sichert dabei nur leicht den Handrücken der Kinderhände. Indem sich der Oberschenkel absenkt, hält der Erwachsene das Kind im Hang und leitet eine Drehbewegung des Kindes nach links mit dem rechten Arm ein (wie eine Drehung beim Paartanz), sodass das Kind geschultert – bzw. auf dem Rücken im Huckepack zum Sitzen kommt.

Nachfolgend löst sich erst die eine, dann die andere Hand von den Händen des Kindes, um dieses an den Oberschenkeln nahe der Hüftbeuge zu sichern (vgl. Abb. 23). Alternativ können auch bei breitem Spreizsitz des Kindes die Hände des Tragenden im unteren Bereich des Rückens den Reitersitz sichern.

Das Absteigen sollte das Kind üben, indem sich der Tragende ganz nah seitlich an den Beckenrand stellt, auf die Griffkante am Beckenrand klopft und das Kind durch sprachliche Aufforderung zum eigenständigen Umgreifen von den Schultern an den Beckenrand anregt.

Anwendung

Der Griff eignet sich für Spiel- und Bewegungsformen in der Aufwärmphase einer Unterrichtsstunde. Aus der Sicherheit vermittelnden körpernahen Tragehaltung kann sich das Kind bei guter Sicht langsam mit dem Wasser, der Gruppe und dem Schwimmbecken vertraut machen und wird auf einfache Weise durch den Erwachsenen mitbewegt.

Vor- und Nachteile des Griffs

Das Tragen des Kindes auf dem Rücken ist für Eltern angenehm, weil das Gewicht des Kindes hier kaum als Belastung empfunden wird. Etwas Unsicherheit kann bei den Eltern auftreten, weil sie die kindliche Reaktion nicht sehen können und sich sorgen, weil sie ein Herunterkippen des Kindes vom Rücken durch dessen Zurückneigen und mangelndes eigenständiges Festhalten befürchten. Das Kind genießt den freien Blick und den engen Körperkontakt. Allerdings ist es häufig nicht längerfristig gewillt, die Position in der Bauchlage einzuhalten, weil es sich aufrichten und drehen möchte und Bewegungsfreiheit in den Beinen und Armen haben möchte.

Abb. 23

Anmerkungen

Bei diesem Griff ist darauf zu achten, dass die Eltern beim Schultern des Kindes seine Hände nur leicht umfassen. Im Wesentlichen sollte sich das Kind festhalten. Beim Umfassen sollte ganz bewusst erst eine Hand losgelassen werden und durch ein Klopfen auf die eigenen Schultern zum Anfassen an den Schultern aufgefordert werden. Dann erst folgt das Lösen der anderen Hand. Der Oberkörper des Elternteils ist beim ersten Einüben des Griffs weit vorzulehnen, damit das Kind zunächst einmal auf dem Rücken liegt, bevor es sitzt, um einem Rückfallen des Kindes vorzubeugen.

Kommen das Kind und der Erwachsene mit dem Griff gut zurecht, kann sich der Erwachsene in den aufrechten Stand aufrichten und sogar das Kind zum Festhalten mit Händen und Beinen sowie zu Ausgleichsbewegungen durch plötzliche Vor-, Rück- und Seitbewegungen herausfordern. Auch ein eigenständiges Sichern des Kindes ohne elterliche Hilfestellung ist bei geübten Eltern und Kindern umsetzbar, dann haben die Eltern die Hände zum Bewegen, Planschen oder Unterstützen der eigenen Laufbewegung frei.

Spielanregungen

- Rodeoreiten: Bei geübten Kindern neigt sich der Tragende mit dem Oberkörper zu verschiedenen Seiten, um Ausgleichsbewegungen des Kindes zu provozieren.
- Tunnelfahrt: Eltern und Kind durchqueren flache und hohe, enge und weite Tunnelbauten, die sich verteilt im Becken befinden.
- Taxi: Das Absteigen und Aufsteigen des Kindes wird an verschiedenen Stellen des Beckenrands geübt und mit den Worten „Aussteigen" und „Einsteigen" wechselt das Kind vom Rücken der Eltern an die Griffleiste des Beckenrands.
- Autorennen: Die Eltern bewegen sich laufend in verschiedenen Fortbewegungstempi durch das Becken oder stoppen zwischenzeitlich.
- Pferdegalopp: Die Eltern galoppieren durch das Becken und springen über fiktive Hindernisse.
- Winken und Wasserplanschen: Die Eltern versuchen, das Kind abwechselnd mit der rechten und linken Hand durch Vormachen zum Winken oder Wasserplanschen anzuregen.

6.2.3 Wassergussmethode und Tauchen

Die Wassergussmethode

Eines der vorrangigen Ziele des Säuglingsschwimmens (s. Kap. 4.2) ist die *Wassergewöhnung*, d. h. der Säugling soll den Wasseraufenthalt entspannt, angenehm und als lern- und erfahrungsreiche Auseinandersetzung mit seinem Umfeld erfahren. Die Beziehung zum Wasser beginnt im Mutterleib.

Mit den Vorerfahrungen der Wassergewöhnung im familiären Kreis (s. Kap. 5.2) ist der Säugling auf den ersten Schwimmtag vorbereitet. Hier wird die Wassergewöhnung mittels der Wassergussmethode fortgesetzt sowie der Säugling mit den Eigenschaften und Wirkungen des Elements (s. Kap. 1.2) vertraut gemacht.

Das Wasser beeinträchtigt das Atmen und wird vom Säugling individuell erlebt und emotional unterschiedlich bewertet. Die Wassergussmethode geht sowohl von einem Atemschutzreflex im jungen Säuglingsalter (bis rund acht Monate) als auch von einem lebenslangen Mund-Nase-Reflex des Menschen aus. Diese Reflexe werden bei Berührung des Gesichts mit Wasser ausgelöst. Damit sich der Säugling an sein angemessenes Verhalten auf diesen Reiz gewöhnt, wird, unter Beachtung der kindlichen emotionalen

und körperlichen Reaktionen, eine schrittweise Wassergewöhnung mithilfe von dosierten Wassergüssen am Kopf vorgenommen.

Die Wassergussmethode sensibilisiert den Säugling einerseits in seiner Wahrnehmung von Wasser mit dem Ziel, dass er innere Bereitschaft („emotional readiness") und ein bewusstes Schutzverhalten erlangt. Sie soll ihn andererseits in dem Sinne desensibilisieren, dass er ein kurzfristiges Eintauchen des Gesichts oder Kopfes ins Wasser ohne Stress erleben lernt. Auch die Eltern können sich vergewissern, dass sich ihr Kind kurzfristig schützen kann. Während bisherige Tauchtechniken (Anspitz-, Anpust-, Lift- oder Wortbegleittechniken) darauf abzielen, ein anpassendes Verhalten des Säuglings einzuüben (zu konditionieren) und den frühkindlichen Atemschutzreflex auszunutzen, dass der Säugling kein Wasser schluckt oder einatmet (aspiriert), geht die Wassergussmethode vom theoretischen Konzept des aktiven Auffassungslernens (perzeptiven Lernens) aus. Dies bedeutet, der Säugling soll erst in einem Alter getaucht werden, in dem er das Wasser kennen gelernt und angenommen hat, es visuell und taktil wahrnimmt und es emotional und motivational neutral bzw. positiv bewertet: sehen, fühlen, spüren, empfinden und als angenehm verarbeiten.

Der Wassergusstest wird in der ersten Hälfte einer Unterrichtsstunde eingesetzt, wenn der Säugling sich einerseits im Wassermilieu eingewöhnt (akklimatisiert) hat und ande-

Abb. 24: Negative Reaktion nach Wassergusstest

rerseits noch nicht durch neue Reize übermüdet ist, also zu einem Zeitpunkt, in dem er aufnahmefähig und aufmerksam ist.

Ist der Säugling an das Wasser gewöhnt, wird das kurzfristige Untertauchen eine physiologische Schutzreaktion ohne Angstgefühl auslösen. Tauchsituationen und -reaktionen können bei Säuglingen im ersten Lebensjahr aus der Bauchlage heraus (am besten Delfinbewegung) nach dem Wassergießen zustande kommen oder am Ende des ersten Lebensjahres aus spielerischen Situationen des Fliegens, Fallens und Springens entwickelt werden. Je älter die Kinder, desto mehr kann durch geräteunterstützte (materiale), sprachliche (verbale) oder Vorbild gebende (imitative) Aufforderungen das selbstständige Tauchen an den Treppenstufen oder am Beckenrand auf diesem Wege von Erfahren und Nachahmen erlernt werden.

Ziel dieser Methode ist, dem Säugling eine Wassererfahrung anzubieten, die es ihm ermöglicht, sich an das Wasser anzupassen, sich zu schützen, ohne in Stress zu geraten, oder im Sinne der Desensibilisierung seine bereits aufgebaute Angst abzubauen.

Ablauf der Wassergussmethode, um die Tauchbereitschaft zu ermitteln:

Der Säugling wird in Bauchlage, Mutter oder Vater frontal zugewandt, auf beiden Händen gehalten. Die Lehrperson steht neben der Mutter oder dem Vater, spricht den Säugling an und überprüft als Erstes die Aufmerksamkeit des Säuglings.

Mit einer wassergefüllten Schüssel wird auf das Wasser geklopft und dann aus ihr ein Wasserstrahl auf Kopfhöhe vor den Augen des Säuglings in seiner erreichbaren Nähe herabgegossen. Im Idealfall fixiert der Säugling den Strahl mit seinem Blick und greift danach. In der folgenden Phase wird der Wasserstrahl unter dem aufmerksamen

Abb. 25: Positive bzw. neutrale Reaktion nach Wassergusstest

kindlichen Blick (der möglicherweise wieder herausgefordert werden muss!) von Arm und Schulter des Säuglings an den Hinterkopf (Hinterhauptbein) gelenkt. Gleichzeitig erhalten die Eltern durch das Anzählen des Kursleiters („eins") bereits ein Zeichen zum aufmerksamen Beobachten. Der Säugling nimmt das Wasser taktil wahr und blickt günstigstenfalls versonnen (introvertiert). Bei „zwei" wird der Wasserstrahl über den Scheitel (Scheitelbein) und bei „drei" über das Gesicht (Stirnbein) des Säuglings gegossen.

Im Idealfall schließt der Säugling daraufhin kurzzeitig seine Augenlider und den Mund, öffnet dann seine Augen weit und blockiert für 2-4 Sekunden die Atmung, während der Wasserschleier über seinem Gesicht liegt. Reißt der Wasserschleier ab, orientiert sich der Säugling zum Elternteil oder zur Schüssel, greift danach und löst seinen Mundschluss durch Kaubewegungen wieder auf (vgl. Abb. 25).

Die Beobachtungskriterien für das Verhalten des Säuglings nach dem Wassergusstest beziehen sich auf die Gesichtsmimik, die Körpersprache, das Lautieren und die Orientierung. Ein negatives Verhalten drückt sich durch Orientierungslosigkeit, vermehrte Muskelanspannung, unruhiges Lautieren und abweisende Gesichtsmimik aus (vgl. Abb. 24 rechts).

Die Reaktion des Säuglings wird positiv bewertet, wenn der Säugling sich sofort orientiert, zum Spiel übergeht, keine körperliche Anspannung zeigt und nach Ansprache und Lob freudig reagiert. Eine neutrale Beurteilung wird vorgenommen, wenn weder eine ängstliche noch eine freudige Stimmung über die Gesichtsmimik ausgedrückt wird, keine vermehrte Muskelanspannung beobachtet wird und die Orientierung nach kurzer Zeit wieder eintritt.

Abb. 26: Erneuter Wassergusstest

Die Tauchbereitschaft des Säuglings kann angenommen werden, wenn der Säugling den Wasserreiz bewusst und angstfrei erlebt. Das setzt voraus, dass er den Reiz visuell, taktil und kognitiv wahrnimmt und anschließend gefühlsmäßig, mimisch und in seinem Körperverhalten neutral bzw. positiv beantwortet.

Reagiert der Säugling auf den Wassergusstest positiv oder neutral, erfolgt unmittelbar nach dem erneuten Wasserguss ein Tauchversuch (vgl. Abb. 26).

Die Tauchbereitschaft wird in den folgenden Schwimmstunden für jedes Kind erneut überprüft, weil sie von unterschiedlichen Faktoren, vorrangig jedoch von emotionalen Befindlichkeiten, abhängt.

Zu den wichtigsten Einflussfaktoren zählen die Tagesform, die Entwicklungsphase, die Erregbarkeit, die Aufnahmebereitschaft, die Wasservertrautheit und das Urvertrauen des Säuglings, das Handling und die Einstellungsfähigkeit der Eltern sowie die Beobachtungsgabe und aufmerksame Betreuungsfähigkeit des Kursleiters.

Die Vorteile dieser Methode liegen zum einen in der Möglichkeit zur Diagnose (Ermittlung der Tauchbereitschaft), zum anderen in der Möglichkeit zur Intervention (Desensibilisierung der Wasserangst). Es können differenzierte Anwendungsveränderungen (viel oder wenig Wasser) vorgenommen werden.

Der Wassergusstest wird vom Tauchzwang losgelöst durchgeführt. Die Kriterien zum Beurteilen der Säuglingsreaktionen richten sich nach den Befindlichkeiten und Wahrnehmungsfähigkeiten des Säuglings, um den Mundschluss und die Dauer der Atempause des Säuglings zu überprüfen.

Mit dieser Methode werden die individuellen Fähigkeiten und Reaktionen des Säuglings an der Wasseroberfläche relativ sicher bestimmt. Mit ihr wird die *Tauchbereitschaft* des

Abb. 27: Tauchen mit der Wassergussmethode

Säuglings ermittelt – im Gegensatz zu bisherigen Tauchtechniken, die völlig auf das Vorhandensein eines Reflexes vertrauen und das Tauchen als Versuch-und-Irrtums-Handlung durchführen. Letztere können deshalb auch eine langfristig negative Konditionierung nicht ausschließen.

Anmerkung: Es gibt international eine Reihe unterschiedlicher Tauchtechniken. Die im Zusammenhang mit der Wassergussmethode und den anderen erwähnten Tauchmethoden stehende „Frage", ob, wie und in welchen Altersphasen sich der Mensch reflexgesteuert, instinktiv oder bewusst vor dem Wasser schützt, sind wissenschaftlich noch nicht eindeutig geklärt. Bei gesunden jungen Säuglingen (jünger als sechs Monate) geht man davon aus, dass der Atemschutzreflex ein Eindringen des Wassers in die Lunge verhindert. Durch ein wiederholt angewandtes Signal (Anpusten, Anspritzen, Körperanheben, verbale Aufforderung) wird der Reflex ausgelöst und konditioniert. Der Säugling wird stets unmittelbar nach dem Signal für wenige Sekunden untergetaucht. Dieses Untertauchen erfolgt aus der waagerechten oder senkrechten Körperposition des Säuglings (vgl. Bresgen & Diem, 1981; Ahr, 1993[2]; Raabe-Oetker, 1998).

Bei älteren Säuglingen wird das bewusste Reagieren auf ein Signal mit nachfolgendem Untertauchen beschrieben (vgl. van Dyk, 1996). Mithilfe eines kinästhetischen Reizes (Herausheben des Körpers) wird der Säugling auf das anschließende Untertauchen vorbereitet (vgl. Kochen & McCabe, 1986).

Das bewusste Erlernen des Untertauchens wird bei Bauermeister (1984[9], S. 65) mit Kleinkindern ab 18 Monaten beschrieben. Sie lernen das Untertauchen durch spielerische Anweisungen und Nachahmen. Auf das instinktive Atem-anhalten des Kindes beim Benetzen des Gesichts mit Wasser weist Hunt-Newman (1967, S. 42) hin.

Die medizinische Leitung der Deutschen Lebens-Rettungsgesellschaft empfiehlt in ihrer Stellungnahme zum Babyschwimmen und –tauchen, Untertauchübungen nicht durchzuführen. Zwar gebe es den Tauch-, Stimmritzen- und Atemanhalte-Reflex beim Säugling, aber das Nachlassen dieser Reflexe regelmäßig zu überprüfen, zu erkennen und eindeutig zu interpretieren, wird als „schwer umsetzbar" beschrieben und bewertet (vgl. DLRG Merkblatt M3-001-14).

Die Kommission Kinder- und Jugendsport der Deutschen Gesellschaft für Sportmedizin und Prävention beschreibt in ihrer Stellungnahme den Atemschutzreflex des jungen Säuglings bis zum sechsten Monat, weist jedoch auf die mögliche Gefahr hin, dass der Säugling beim Tauchvorgang reichlich Wasser schlucken kann und eine Elektrolytentgleisung in seltenen Fällen nicht ausgeschlossen werden kann.

Camus, Moulin & Navarro (1994, S. 237ff.) gehen davon aus, dass jeder Mensch altersunabhängig durch den Mund-Nase-Reflex und die Anatomie des Hals-Nasen-Rachenraums (Stimmritze) vor dem Eindringen von Wasser in die Lunge geschützt ist.

Das Ablaufschema (vgl. Abb. 28) verdeutlicht zusammenfassend die Wasserguss- und Tauchmethode:

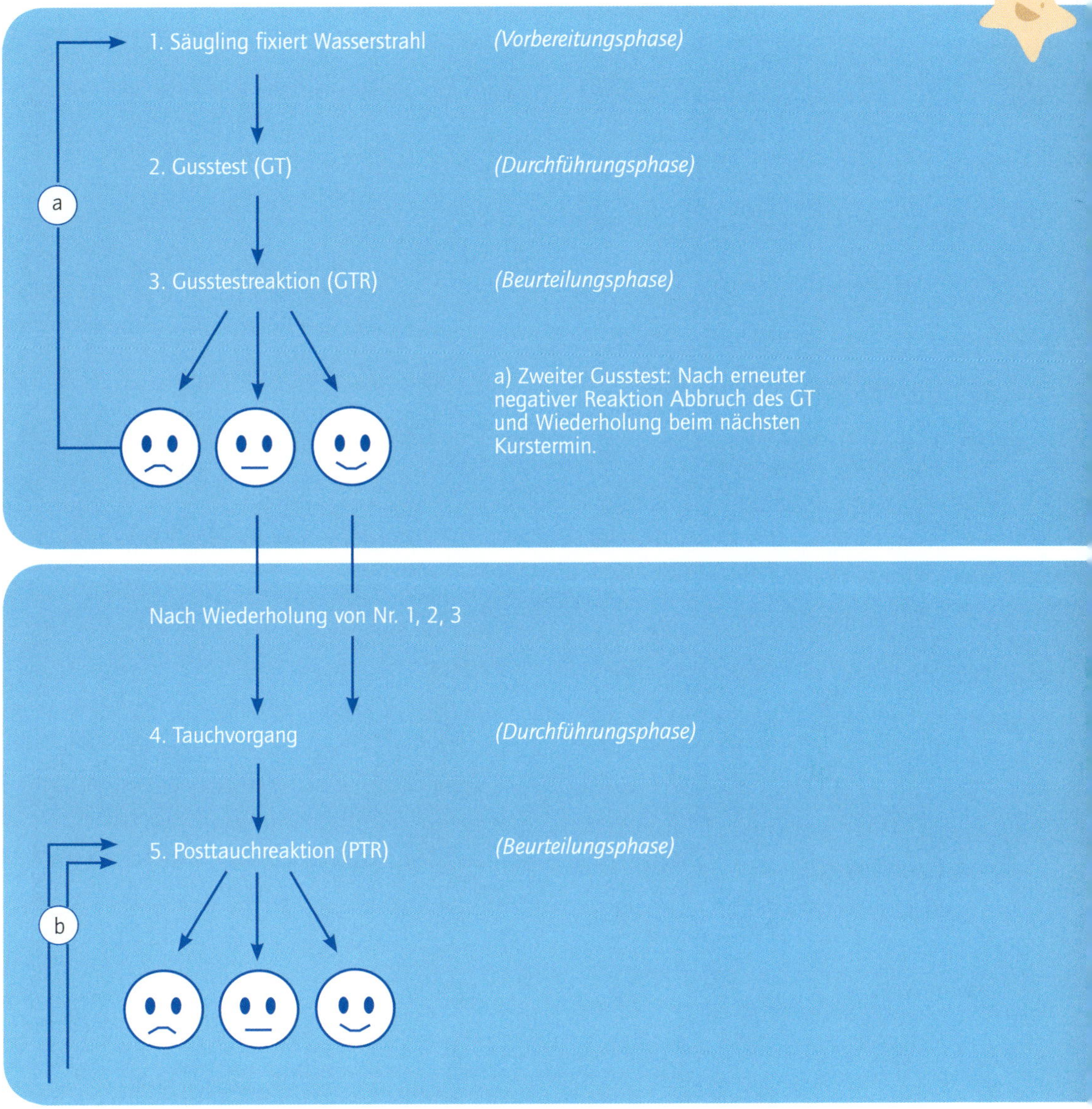

Abb. 28: Ablaufschema zur Ermittlung der Tauchbereitschaft mit der Wassergussmethode und Tauchen

Die Wassergussmethode ist das Ergebnis von langjährigen Beobachtungen und einer gesonderten Studie der Autorin, dass mit ihrer Hilfe die Tauchbereitschaft von Säuglingen angemessen bestimmt werden kann. Diese Methode richtet sich am jeweiligen Verhalten des Säuglings aus.

Grundsätzliches zum Tauchen und zu den Tauchkriterien

- Tauchen kann, muss jedoch nicht, Teil des Säuglingsschwimmens sein. Es gibt neben der Wassergewöhnung auch andere methodische Zielsetzungen.
- Der Respekt vor dem Wasser ist ein *natürlicher* Selbstschutz des Menschen. Das Ziel der Wassergewöhnung mit kurzfristigem Untertauchen besteht darin, sich von einer (übersteigerten) Angst vor dem Wasser zu lösen. Kurzfristige Abwehr-, Angst- oder Unsicherheitsreaktionen sind entwicklungsgemäß und natürlich; sie verbieten ein Tauchen.
- Nicht alle Kinder akzeptieren von vornherein das spritzende Wasser im Gesicht, beeinträchtigte Sicht und Wasser in Ohren, Nase oder Mund und stockenden Atem. Durch eine schrittweise, sanfte Gewöhnung kann im Allgemeinen jeder Mensch mit dem Wasser vertraut gemacht bzw. an das Wasser gewöhnt werden.
- Der erste Tauchvorgang hängt weniger vom Alter als vielmehr von der individuellen Reaktion der jeweiligen Person ab. Diese Reaktion lässt sich durch den Wassergustest ausloten.
- Tauchen ist kein Zwang, sondern eine von den Eltern – auf den Rat des Kursleiters – getroffene Entscheidung, das Kind behutsam an die Situation zu gewöhnen. Die Einstellung des Kindes wird durch die Wassergussmethode ermittelt.
- Vor einem Tauchvorgang soll der Kursleiter die Eltern über die Vor- und Nachteile des Tauchens aufklären. Die Tauchtechniken sind zu erklären, sodass sich die Eltern mit dieser Situation vertraut machen, d. h. Vertrauen in die eigenen Fähigkeiten und die ihres Kindes entwickeln.
- Die ersten Tauchversuche sind unter Aufsicht des Kursleiters von den Eltern auszuführen und nicht an eine bestimmte Tauchtiefe oder Tauchdauer gebunden.
- Eine zwanghafte, mit der Sorge des Verlernens begründete Regelmäßigkeit der Tauchübungen ist unbegründet. Das Tauchen soll emotional positiv erlebt und erlernt werden und in jeder Schwimmstunde hinsichtlich Reaktion und Akzeptanz des Kindes erneut überprüft werden. Eine unpässliche Tagesform oder emotional schwierige Phasen verbieten ein Tauchen.

6.2.4 Bewegungsübungen

Es wird unterschieden zwischen *passiven* Bewegungsübungen, bei denen der Säugling von der Bezugsperson durch das Wasser bewegt wird, und *aktiven* Bewegungsübungen, bei denen der Säugling durch Spielanreize und -anregungen herausgefordert wird, sich selbst zu bewegen.

Passive Bewegungsübungen

Diese Bewegungsübungen, einem Übungskatalog (Cherek, 1984) entnommen und um eigene Übungsideen erweitert, setzen den Widerstand und den Auftrieb des Wassers bewusst als Bewegungsreiz oder -hilfe ein:

- Rhythmisches Heben und Senken des Kindes in der vertikalen Position (Hüpfen) – zum Lockern der Beine.
- Seitliche Schwünge in horizontaler Bauch- oder Rückenlage des Kindes (Slalom) – zum Aufdehnen der Körperseiten.
- Heben und Senken des Kindes in der Horizontalen mit und ohne aktiven Druck auf die Schulterblätter (Wellenbewegung) – zum Beweglichmachen und Aufrichten in der Wirbelsäule.
- Beineschütteln in der Rückenlage des Kindes bei Kopfablage auf der Schulter (Ausschütteln) – zum Lockern der Beine.
- Seitliches Schwenken des Kindes in der Vertikalen, wobei die Frontalstellung beibehalten oder das Kind um 90° gedreht wird, sodass sowohl der Rücken (Beugetonus) als auch die Brust (Strecktonus) angeströmt werden – zur Muskeltonusregulierung.
- Schieben und Ziehen des Säuglings im Achselgriff (Bauch-/Rückenlage im Wechsel) – zum Üben des Kopfaufrichtens.
- Kreisförmiges Rühren des Kindes in der Senkrechten (Kochlöffel) – zum Beweglichmachen in den Schulter- und Hüftgelenken.
- Drehen des Kindes in der Vertikalen um die Längsachse im Hüftgriff (Twist) – zum Lockern des Schultergürtels.
- Rückenlage des Kindes mit Kopfablage auf der Schulter; dabei Beine heben und senken (Aufroller) – zum Beweglichmachen der Wirbelsäule.
- Rückenlage des Kindes mit Kopfablage auf der Schulter: Die Hände des Erwachsenen am Gesäß bzw. den Hüften des Kindes, um den Körper des Kindes leicht auf- und abzusenken sowie seitlich zu wiegen – zur Muskeltonusregulierung. Gleiches ist in der Bauchlage (Schulterbalance) mit Unter armstütz des Kindes auf den elterlichen Schultern möglich.

6.2.5 Spiele, Spielgeräte und -materialien

Der Aufenthalt im Wasser ersetzt größtenteils ein anderes Spielgerät, da bereits das Wasser selbst, das Schwimmbecken und die Gruppe variantenreiche Spielmöglichkeiten darstellen. Je mehr Greiffähigkeit ein Säugling entwickelt, desto stärker interessiert er sich dafür, sein gegenständliches Umfeld zu erforschen.

Einige Spielideen ohne Geräte oder Materialien werden nachfolgend beschrieben:

Kreis- und Gruppenspiele

- Platzwechselspiele (alle sechs Monate alten Säuglinge wechseln den Platz. Kuddelmuddel: Alle wechseln den Platz, indem sie den Kreis durchqueren. „Mein rechter, rechter Platz ist frei", Zublinzeln der Eltern).
- Weiterreichspiele („Kindlein, Kindlein, du sollst wandern, von der einen Hand zur anderen". Eltern reichen Ball oder Puppe im Kreis weiter, Kinder betrachten die Bewegung).

Interaktionsspiele zwischen Eltern und Kind

- Berührungsspiele (kitzeln, streicheln, anblubbern, anpusten).
- Sing- und Fingerspiele.
- Fliegerspiele.
- Turn- und Gymnastikspiele (Körperturnen).
- Hüpf- und Reiterspiele (auf dem Oberschenkel: „Hoppe-hoppe Reiter").
- Wiege- und Schaukelspiele.

Interaktionsspiele mit anderen Kindern

Sie zielen auf soziales Lernen und Entfalten von Gruppenverhalten ab, indem die Kinder sich gegenseitig wahrnehmen und miteinander spielen.

- „Wipp-wapp, wipp-wapp, wir heben und wir fallen ab,
mal fliege ich, mal fliegst auch du,
das machen wir so ab und zu".
(Zwei Kinder in der Gegenüberstellung.)
- „Ich hüpfe, ich hüpfe, ich hüpfe auf einem Bein,
und wenn ich nicht mehr weiter kann,
dann kommt sogleich die Lotta (xx) dran,
ich hüpfe, ich hüpfe, ich hüpfe auf einem Bein".
(Zwei Kinder in der Gegenüberstellung im Wechsel.)

Spiele für die Sinne: sehen – hören – spüren

Sie sensibilisieren die betreffenden Sinne und verbessern die sensomotorischen Einordnungsleistungen (sensomotorische Integration). Um feinsinnig wahrzunehmen, eignet sich das Arbeiten mit Kontrasten. Anhand der Gegensatzpaare sind in der Vorbereitung des Unterrichts bereits Themen zu entdecken oder bestimmte Materialien auszuwählen, um Spiel- und Erlebnisanregungen zu kreieren:

- Hell und dunkel (z .B. Tunnelfahrten).
- Weich und hart (z. B. Schwämme und Topfkratzer).
- Rund und eckig (z. B. Bälle und Würfel).
- Leicht und schwer (z. B. gefüllte und nichtgefüllte Flaschen).
- Schwebend und fallend (z. B. Luftballons und gefüllte Bälle).
- Durchsichtig und gedeckt (z. B. Kugeln).
- Rau und glatt (z. B. am Beckenrand: Fliesen und Fugen).
- Wellig und stachelig (z. B. verschieden genoppte Bälle).
- Groß und klein (z. B. kleine Gummiringe und große Reifen).
- Glänzend und matt (z. B. Gymnastikstäbe und Einstiegsleitern).
- Schlängelnd und gerade (z. B. Seile und Stäbe).
- Lang und kurz (z. B. Poolnudeln und Verbindungsstücke).
- Hoch und tief (z. B. hoch und tief gespannte Leinen).
- Laut und leise (z. B. leere und mit Kieseln gefüllte Shampooflaschen).
- Trocken und nass (z. B. Stofftücher).
- Warm und kalt (z. B. mehrere mit unterschiedlich temperiertem Wasser gefüllte Eimer).

Typische Spielformen

- „Laut-laut-laut pssst" (still): Im Gruppenkreis planschen oder strampeln und in der Bewegung innehalten und horchen.
- „Hallo-hallo-Kuckuck": Hinter einer mit Tüchern behangenen, gespannten Leine verstecken und andere Kinder suchen.
- Versteinert oder Musikstoppspiel: Musik (z. B. vom Kassettenrekorder oder von einer CD) abspielen und stoppen – die Bewegung entsprechend ausführen und unterbrechen.
- Vers: „Wasserflöhe-Wasserflöhe laufen überall, Wasserflöhe, Wasserflöhe finden den Bauch (Kopf, Hals) besonders toll".
- Immer an der Wand lang (Fugen und Kacheln usw. fühlen).

Spielgeräte und -materialien

Spielgeräte und -materialien reizen die Säuglinge, sich auf sie zu oder mit ihnen zu bewegen oder sie zu erproben und zu erforschen. Im Unterricht unterstützen sie den Wassergewöhnungsprozess und können gelegentlich als Auftriebshilfe verwandt werden.

Die Beschaffenheit von Spielmaterialien muss ungefährlich, wassertauglich, hygienisch und lagerbar sein. Gemäß dem methodischen Unterrichtsaufbau werden sie erst nach der Wassergewöhnung und Übungen (Beweglichmachung, Tauchen) dosiert angeboten. Sie sind entwicklungsgerecht einzusetzen, d. h., dem körperlichen, motorischen, geistigen Entwicklungsstand und der sinnesorganischen Entwicklung entsprechend, und sollen nicht überstimulieren.

Bei der Auswahl aus den Klein- und Großgeräten gilt es zu beachten, dass größere Geräte den Säugling häufig überfordern und nicht jedes Material von ihm akzeptiert wird. In der Praxis hat sich bewährt, die Säuglinge nur schrittweise an unbekannte Geräte und Materialien heranzuführen und sie nicht damit zu überrumpeln (z. B. Schwimmmatte).

Folgende Geräte und Materialien eignen sich zur anregenden und kreativen Spielgestaltung:

B

- Bälle (Massage-, Soft-, Tennis-, Strand-, Gymnastik-, Zeitlupen-, bunte Plastikbälle zum Pusten).
- Bauklötze.
- Becher (Joghurt-, Stapel-).
- Bettlaken.
- Boote (aufblasbar).
- Bürsten.

D

- Deckel.
- Dosen (Film-, Tennisball-, Quark-).
- Duplosteine.

E

- Eiswürfel.
- Enten (bzw. andere Kleintiere aus Plastik).

F

- Fahrradschläuche.
- Flaschen (Shampoo-, Spritz-, Sprüh-).
- Frisbees.

G

- Gartenschlauch.
- Gartenkübel.
- Geschirrtücher.
- Gießkannen.
- Glöckchen.
- Gummihandschuhe (aus Medizinbedarf).
- Gummisauger (zum räumlichen Abtrennen).

H

- Heulrohre.

K

- Kaffeefilter.
- Kegel.
- Korkketten.
- Kugeln (Schwimmbadleine od. gefüllte, durchsichtige Kugeln).
- Kullerkreisel.
- Kunstrasenstücke.

L

- Legoplatten (zum Fühlen).
- Lochfloß (Schwimmmatten).
- Lockenwickler.
- Löffel (Koch- oder Eierlöffel).
- Luftballons.
- Luftmatratzen.
- Luftpolsterfolie.

M

- Matten (Loch-, Schwimm-, Isolier-, Gymnastik-)

P

- Pinsel.
- Planschbecken (aufblasbar).
- Poolnudeln (mit Verbindungsstücken).
- Pull-buoy.

- Puzzleteppich (mit Zahlen und Buchstaben).

Q

- Quietschtiere.

R

- Rasseln (Shampooflaschen mit Kieseln gefüllt).
- Regentonne (mit ausgeschnittenem Boden als Tunnel).
- Reifen (Gymnastik-, Schwimm-).
- Ringe (Tennis-, Tauch-).
- Rohre.
- Rutsche
- (Kunststoff oder Schwimmmatte mit Kunststoffüberzug).

S

- Schläuche
- (durchsichtig, verschiedene Durchmesser, schmal für Atemübungen, groß zum Hineinstecken in die Wassereinlaufdüse als Springbrunnen).
- Schüsseln.
- Schwämme (Kosmetik- oder Körperschwämme).
- Schwimmbrett.
- Schwimmflügel.
- Schwimmsprossen
- (alternativ: Stäbe mit aufgesteckten Schwimmflügeln an den Seiten).
- Schwimmtiere (aufblasbar).
- Seile (alternativ: Taue).
- Spiegel
- (Kunststoffbrett mit Spiegelfolie beklebt).
- Sprunginsel
- (Gartenstühle oder -tische mit Gewichten beschweren).
- Stäbe (Gymnastik-, Tauch-, Besenstiele).
- Styroporringe (mit Nylonstrümpfen überzogen).
- Suppenkellen.

T

- Tennisballdosen.
- Topfkratzer.
- Trichter.
- Tüll.
- Tunnel (aus Stoff oder bodenlose Regentonne).

U

- Überraschungseier (zusammengebastelt z. B. als Kette).
- Ufos (Flipp-Eggs).

V

- Vitaminröhrchen
- (gefüllt mit Kieseln).

W

- Wäscheleine und Wäscheklammern, Wäschekörbe,
- Wäschesprenger, Waschlappen.
- Wannen (Waschwannen).

LEBEN
SCHWIMMEN FÖRDERT DIE GESUNDHEIT

6.2.6 Rituale, Verse und Lieder

(überliefert, umgedichtet, in der Kurspraxis kreiert, in Fortbildungen kennen gelernt, ...) Die Betonungen und Medodien sind auf der Homepage der Autorin (www.eltern-kind-schwimmen.de) als mp3-Dateien zum Anhören und Herunterladen vorbereitet.

Zum Begrüßen und Kennenlernen

- „Achtung, Achtung, wir werden jetzt groß – und dann geht es los."

- „Hallo, hallo, wie schön, dass ihr, da seid,
  hallo, hallo, wie schön, dass es euch gibt.
  Die x-x ist da, der x-x ist da und x-x ist da, jetzt sind wir alle da, viderallalalala."

- „Wir woll'n euch begrüßen und machen das so:
  Hallo (patsch, patsch), hallo (patsch, patsch)."

- „Auf dem Rhein (xx) woll'n wir fahren, wo die Schifflein sich dreh'n,
  und das Schifflein heißt xx (Elternname), und die xx (Kindername) darf sich dreh'n."

- „Kommt alle her, hallo-hallo, kommt alle her, seid mit uns froh,
  kommt alle her, klatscht in die Hand, kommt doch her und macht mit.
  Kommt alle her, die Musik spielt, kommt alle her, singt dieses Lied,
  kommt alle her, hüpft in die Luft, kommt doch her und macht mit.
  Kommt alle her, ob klein – ob groß, kommt alle her, hier ist was los,
  kommt alle her, strampelt herum, kommt doch her und macht mit.
  Kommt alle her, hier ist was los, kommt alle her, strampelt herum,
  kommt alle her, hüpft in die Luft, kommt doch her und macht mit."

- „Herschaun, hallo (3 x), jetzt fangen wir alle an.
  Fangen an zu tanzen (schwenken, drehen, ...), tanzen, tanzen,
  fangen an zu tanzen –taaa-han-zen."

- „Hallo, Lotta (xx), hallo, Lotta, wir winken dir zu,
  hallo, Lotta, hallo, Lotta, erst wir und dann du."
  (Ein Eltern-Kind-Paar in der Kreismitte, sich langsam drehend.)

- „Guten Morgen, guten Morgen, wir winken uns zu,
  guten Morgen, guten Morgen, erst ich und dann du."
  (Alternativ anstatt winken: nicken, spritzen, strampeln).

♫ „Hal-lo, hal-lo, kommt doch schnell her,
lasset uns singen, tanzen und schwimmen,
hal-lo, hal-lo, kommt doch schnell her."

♫ „Hurra, hurra, die Schwimmzeit ist nun da.
Ich hole meine Freundin ab und fahr mit ihr bergauf, bergab.
Hurra, hurra, die Schwimmzeit ist nun da."

♫ „Wir wollen eine Reise machen und die geht nach Madrid,
nicht gewartet, schnell gestartet, wer kommt mit?
Du und du, ihr beide, ihr könnt mit mir geh'n,
die ander'n hol ich auch noch ab, denn keiner bleibt hier steh'n."

♫ „Tuff, tuff, tuff, die Eisenbahn, wer will mit nach Kölle (xx) fahr'n,
die Lotta (xx) ist noch vorne d'ran, doch bald schließt sie hinten an."

♫ „Tuff, tuff, tuff, die Eisenbahn, wer will mit durch den Tunnel fahr'n,
alleine fahren mag ich nicht, d'rum neh'm ich mir viele Freunde mit."

Zur Wassergewöhnung und Kreislaufanregung

♫ „Es regnet, es regnet, es regnet seinen Lauf,
und wenn's genug geregnet hat, dann hört's auch wieder auf."

♫ „Pitsch und patsch, pitsch und patsch,
der Regen macht die Haare nass,
fällt von der Nase auf den Mund
und von dem Mund dann auf den Bauch,
dort ruht der Regen sich dann aus (Pause)
und fällt mit einem großen Platsch auf die Erde, patsch."
(Hand auf das Wasser schlagen.)

♫ „Wenn meine Finger munter sind, dann zappeln sie herum,
sie spielen auf dem Wasser (he-)rum, hei-di-de-wi-de-bum".

♫ „Komm', mein Kind, jetzt schwimmen wir, beide Hände reich ich dir,
einmal hin, einmal her, rundherum, das fällt nicht schwer."

♬ „Es schwimmt ein Wi-Wa-Wasserkind in unserem Kreis herum wi-de-bum,
es schwimmt ein Wi-Wa-Wasserkind in unserem Kreis herum.
Er rüttelt sich und schüttelt sich und spritzt das Wasser hinter sich,
es schwimmt ein Wi-Wa-Wasserkind in unserem Kreis herum."

♬ „Hopp, hopp, hopp, Pferdchen, lauf Galopp.
Über Stock und über Steine, aber brech dir nicht die Beine,
hopp, hopp, hopp, Pferdchen, lauf Galopp."

♬ „Frösche in der Nacht, die sind so einsam,
Frösche in der Nacht, die woll'n gemeinsam
schwimmen geh'n im Teich, auf einmal kommt der Scheich,
und dann geht's: quak, quak, (hüpf, hüpf) schwapp-di-du-dapp,
quak. quak, schwapp-di-du-dapp, quak, quak, schwapp-di-du-dapp, schwapp."

♬ „Ich möcht so gerne schwimmen, komm, schwimm mit mir (2 x),
alleine macht's mir keine Freud', am schönsten ist's wenn wir zu zweit
schwimmen, schwimmen, schwimmen ringsherum."
(Variation: planschen, spritzen).

♬ „Wir spritzen jetzt im Kreise, man hört uns kaum, ganz leise,
so spritzen wir, so spritzen wir, so spritzen wir im Kreise."
(Variation: strampeln, hüpfen).

♬ „Komm, wir wollen spritzen, spritzen, spritzen,
komm, wir wollen spritzen, spritzen hier im Kreis.
Spritzen hier, spritzen da, spritzen das ist wunderbar (2x)"
(Alternativ: planschen, hüpfen).

♬ „Regentröpfchen, Regentröpfchen, fallt den Kindern auf die Köpfchen!
Wer sich in den Regen stellt, wird gewaschen ohne Geld.
Regentröpfchen, Regentröpfchen, fallt auf uns!"

Zum Anregen des Lage- und Stellungssinns

♬ „Wie das Schifflein auf dem Meer
schaukelt hin und schaukelt her.
Wie das Schifflein auf dem Meer
schaukelt hin und her."

- „Große Uhren machen tick-tack, tick-tack,
kleine Uhren machen tic-ke, tac-ke, tic-ke, tac-ke und die ganz, ganz kleinen Uhren ticke, tacke, ticke, tacke, ticke tacke, und die Wecker grrrrrrrr."
- „Ich hab gefischt, ich hab' gefischt, ich hab die ganze Nacht gefischt,
doch hab ich keinen Fisch erwischt – nur dich."
- „Die Engelchen werden geschaukelt (3 x),
bis in den Himmel hinein" (hochheben, -werfen)."
- „Einmal hoch und einmal tief, einmal gerade – einmal schief,
einmal dunkel – einmal hell, einmal langsam – einmal schnell."
- „Nach vorne, nach hinten, nach rechts und nach links,
nach oben, nach unten, nach rechts und nach links.
Holla-di-hia, holla-di-ho, holla-di-hos-sa-sa, holla-di-ho (2 x)."
- „Dreh dich, dreh dich, dreh dich um, so und jetzt mal andersrum." (Kind um die Längsachse durch beidhändiges Hochwerfen und Umfassen herumdrehen recht/links.)
- „Hier bei uns im Schwimmbad steht ein Karussell.
Manchmal fährt es langsam, manchmal fährt es schnell."
Anhalten, Handwechseln, losfahren (um Richtungswechsel einzuleiten).
- „Ich bin ein kleiner Hampelmann, der Arm und Bein bewegen kann, erst hüpf ich nach rechts, nach rechts, dann hüpf ich nach links,
dann flieg' ich ganz hoch, ganz hoch, dann sink ich ganz tief,
und dreh mich rundherum – wi-de-bum."
- „Ich habe einen großen roten Luftballon,
der fliegt immer höher, er fliegt mir fast davon,
an der langen Leine, hol ich ihn zurück,
jetzt ist er wieder bei mir, was hab ich für ein Glück."
- „Wir sind die grünen Frösche und hüpfen durch die Welt,
wir hüpfen hin und hüpfen her so wie es uns gefällt.
Quak-quak, quak-quak, quak-quak quak" (2 x).
- „Eins, zwei, drei im Sauseschritt, schwimmen alle Kinder mit.
Die Lotta (xx) ist jetzt an der Reih, sie schwimmt an uns vorbei.
Hoch und runter, rund'rum dreh'n, 3 x hüpfen und jetzt steh'n."

Zum Erspüren des Körpers

- „Eine Schnecke, eine Schnecke, krabbelt rauf, krabbelt rauf,
  krabbelt wieder runter, krabbelt wieder runter,
  kitzelt auf dem Bauch, kitzelt auf dem Bauch."

- „Alle meine Entchen schwimmen auf dem See, schwimmen auf dem See,
  die Eltern blubbern in das Wasser, die Kinder fliegen in die Höh."

- „Alle meine Babies schwimmen hier umher, schwimmen hier umher, strampeln mit den Beinen, plantschen ist nicht schwer."
  (Schulterbalancegriff, Hände greifen an die Beine des Kindes und führen Strampelbewegungen aus).

Zum Aktivieren der Beinbewegungen

- „Guten Morgen, ihr Beine, wie heißt ihr denn?
  Ich heiße Hampel, ich heiße Strampel.
  Ich bin das Füßchen Übermut, und ich bin das Füßchen Tunichtgut.
  Übermut und Tunichtgut gehen auf die Reise.
  Patschen durch alle Sümpfe, nass sind Schuh und Strümpfe.
  Schaut die Katze um die Eck, laufen alle beide weg!"

- „Wenn unsere Füße munter sind, dann zappeln sie herum.
  Sie strampeln wild im Wasser rum, hei-wide-wide-bum."

- „Wie hoch springt der Floh, wie hoch springt der Floh?
  So hoch, ja, so hoch springt der Floh".
  (Füße berühren die Oberschenkel/den Bauch des Erwachsenen.)

- „Die Schwimmkinder sind lustig, die Schwimmkinder sind froh,
  sie strampeln im Wasser, und machen das so."

- „Zeigt her euere Füße, zeigt her den Bauch im Nu
  und sehet den fleißigen Schwimmkindern zu:

Sie strampeln, sie strampeln, sie strampeln den ganzen Tag,
sie strampeln, sie strampeln, sie strampeln den ganzen Tag."
(Zusammenschieben und Auseinanderweichen der Gruppe im Kreis. Die Füße der Kinder berühren sich dabei in der Kreismitte.)

♫ „Wozu sind die Füße da, Füße da, Füße da, Füße sind zum Strampeln da, tralalalalaaaa." (Alternativ mit Händen planschen.)

Zum Beruhigen – Schaukel- und Wiegelieder

♫ „Bäume schaukeln, Busse schaukeln, Gondeln schaukeln hin und her.
Enten schaukeln, Kinder schaukeln wie Schiffe auf dem Meer."

♫ „Wie das Schiffchen auf dem Meer schaukelt hin und schaukelt her."

♫ „Schlaf, Kindlein, schlaf, sei stille nun und brav,
mach deine müden Äuglein zu, dann schläfst du ein und träumst im Nu,
schlaf, Kindlein, schlaf."

♫ „La-le-lu, nur der Mann im Mond schaut zu,
wie die kleinen Babies schlafen, drum schlaf auch du."

♫ „Stille, stille, kein Geräusch gemacht. Darum seid nur alle still, weil mein Kindlein schlafen will, stille, stille, kein Geräusch gemacht."

Zum Verabschieden

♫ „Nun sind alle pitschenass, das Spiel mit dem Wasser machte großen Spaß.
Wir strampelten und hampelten und machen jetzt trotz allem Schluss, weil es sein muss.
Bis zum nächsten Mal bleibt alle gesund und munter,
dann starten wir wieder um so bunter."

♫ „Das Schwimmen ist aus, wir geh'n jetzt nach Haus,
wenn ihr müd seid, legt euch nieder, wenn es schön war, dann kommt wieder,
das Schwimmen ist aus, wir gehen jetzt nach Haus."

♫ „Alle Leut', alle Leut', geh'n jetzt nach Haus.
Große Leut', kleine Leut', dicke Leut', dünne Leut',
alle Leut', alle Leut', geh'n jetzt nach Haus.
Geh'n in ihr Kämmerlein, lassen fünf gerade sein,
alle Leut', alle Leut', geh'n jetzt nach Haus.
Sagen auf Wiedersehen, denn es war wieder schön,
alle Leut', alle Leut', geh'n jetzt nach Haus, das
Schwimmen ist aus."

♫ „Wenn der Mond am Himmel steht und die Sonne schlafen geht,
heißt es dann, für heut ist Schluss – auf Wiederseh'n mit diesem Abschiedskuss."
(Handkuss in die Runde schicken.)

♫ „Das Schwimmen ist aus – für dich kleine Maus.
Wir sehen uns bald wieder und singen unsere Lieder.
Das Schwimmen ist aus – für dich kleine Maus."
(Am Bauch kitzeln.)

♫ „Wann und wo, wann und wo, sehen wir uns wieder und sind froh?
Nächsten x-x (Wochentag) hier am Ort, macht es schön und kommt gut fort."

6.3 Schwimmhilfen

Schwimmhilfen können grundsätzlich etwa ab dem 10. Lebensmonat eingesetzt werden, wenn das Kind erste Gleichgewichtsreaktionen besitzt und durch das vermehrte Krabbeln Stützfähigkeit im Schultergürtel erlangt hat. Die Unterstützung durch Schwimmhilfen soll jedoch im ersten Lebensjahr stets nur kurzfristig – wenn überhaupt – erfolgen, um das vorrangige Ziel der gemeinsamen aktiven Bewegung von Eltern und Kind beizubehalten und die Bewegungsfreiheit des Säuglings möglichst wenig einzuschränken.

Methodisch betrachtet, bestehen beim Einsatz von Schwimmhilfen folgende Bedenken:

- Der Körperkontakt und damit die gewohnte persönliche Vertrauensbasis und bhängigkeit zwischen Eltern und Kind ist aufgehoben und das in einer Altersphase, in welcher der Säugling ein starkes Verlangen nach körperlicher Nähe zeigt und gerne getragen oder gehalten werden möchte.
- Das Auftriebsgerät verändert die natürliche Körperlage des Kindes.
- Die Schwimmhilfe täuscht eine eigenständige Schwimmfähigkeit vor.
- Die Eltern sind geneigt, ihre ständige Aufsicht aufzugeben/zu vernachlässigen.
- Das Kind wird in seiner Bewegungsfreiheit eingeschränkt.
- Das Kind wird zu passivem Bewegungsverhalten verführt.
- Bei regelmäßigem Gebrauch der Schwimmhilfen vertraut das Kind aus Gewöhnung nur noch den Schwimmhilfen.

Der Einsatz von Schwimmhilfen soll auch im Unterricht oder bei der Einführung gegenüber den Eltern thematisiert werden, um ihnen die Vor- und Nachteile von Auftriebshilfen bewusst zu machen und praktische Tipps für Kauf und Anwendung geben zu können. Vorteile von Schwimmhilfen sind:

- Das Kind kann sich eigenständig bewegen.
- Das Kind übt, sein Gleichgewicht zu halten.
- Das Kind übt seine Stützfähigkeit.
- Das Kind bewegt sich aktiv zu selbst gewählten Zielen.
- Das Kind kann eigenständig seine Lage und Richtung ändern.

Als Schwimm- oder Auftriebshilfen werden im Säuglingsalter vorwiegend Schwimmflügel, Schwimmreifen, Schwimmsprossen oder Poolnudeln mit Steckverbindungen verwandt (Adressen im Anhang). Schwimmweste, Schwimmei, Schwimmgürtel, Schwimmkissen kommen erst im späteren Alter zum Einsatz.

IV Anhang

1 Literaturhinweise und Quellennachweis

- Ahr, B. (1993[2]). *Schwimmen mit Babys und Kleinkindern.* (Spielerische Übungen zur frühzeitigen Bewegungsförderung im Wasser). Thieme: Stuttgart.
- Ahrendt, L. (1997). The influence of infant swimming on the frequency of disease during the first year of life. In: B.O. Eriksson & L. Gullstrand. *Proceedings of the XII FINA World Congress on Sports Medicine (pp. 130-142).* Chalmers Reproservice: Göteborg.
- Ahrendt, L. (1999). Säuglingsschwimmen. Studienergebnisse zur infektiös bedingten Krankheitshäufigkeit von Säuglingsschwimmkindern. In: D. Strass & K. Reischle, (Hrsg.), *Schwimmen 2000-III* (S. 173-180). Uehlin: Schopfheim.
- Ahrendt, L. (2000): Das Tauchen beim Säuglingsschwimmen. In: K. Daniel, (Red.), *Symposiumsbericht zum 2. Kölner Schwimmsymposium* 16./17.04.1999. Fahnemann: Bockenem.
- Ahrendt, L. (2000). Das Tauchen beim Säuglingsschwimmen. In: *Sportpraxis, 41 (1)*, 44-46.

- Ahrendt, L. (2000). *Motorische Frühstimulation durch Säuglingsschwimmen. Untersuchung der Wirkung regelmäßigen Wasseraufenthalts unter Berücksichtigung des mütterlichen Körperkonzepts.* Uni. Diss.: Köln.
- Ahrendt, L. (2013): Asthma-Auslöser Schwimmbad? In: Deutsche Schwimmjugend (Hrsg.): *7. Fachtagung Säuglings- und Kleinkindschwimmen.* bod: Hamburg.
- Ayres, J. A. (1992[2]): *Bausteine der kindlichen Entwicklung.* Springer: Berlin.
- Baginski, C. (2004): *Gemeinsamkeiten und Unterschiede der Interaktion zwischen Mutter und Kind sowie Vater und Kind beim Kleinkinderschwimmen.* Eine videogestützte Verhaltensanalyse. Diplomarbeit: DHSH Köln.
- Bauermeister, H. (1969, 1984[9]). *In der Badewanne fängt es an. Wie kleine Kinder spielend schwimmen lernen.* Copress: München.
- Baur, J., Bös, K. & Singer, R. (Hrsg.). (1994). *Motorische Entwicklung.* Ein Handbuch. Schriftenreihe: Beiträge zur Lehre und Forschung im Sport Bd. 106. Hofmann: Schorndorf.
- Beck, E. G. & Schmidt, P. (1994). *Hygiene – Umweltmedizin.* Enke: Stuttgart.
- Becker, B. (2000): *Motorische Entwicklungsdiagnostik im ersten Lebensjahr. Konzept zur Bestimmung quantitativer und qualitativer Aspekte bei der Bewegungsbeurteilung am Beispiel der Alberta Infant Motor Scale.* Diplomarbeit: DSHS Köln.
- Bresges, L. (1972, 1981[2]). Schwimmen im ersten und zweiten Lebensjahr. In: L. Diem (Hrsg.). *Kinder lernen Sport.* Bd. 1. Kösel: München.
- Bresges, L. (1973). Schwimmen im 1. und 2. Lebensjahr. In: L. Diem (Hrsg.). *Kinder lernen Sport.* Bd. 1. Kösel: München.
- Bresges, L. & Diem, L. (1972). *Untersuchung zum Schwimmverhalten im ersten und zweiten Lebensjahr* (S. 20-28). Hofmann: Schorndorf.
- Bundesministerium für Gesundheit (Hrsg.): Gesundheitliche Bewertung von Trichloramin in der Hallenbadluft. *Bundesgesundheitsblatt 54* (2011) 8, S. 997-1003.
- Camus, J. le, Moulin, J.-P. & Navarro, C. (1994), *L' enfant et l' eau.* L' Harmattan: Paris.
- Cherek, R. (1984), Psycho- und sensomotorische Übungen im Wasser als Prävention und Rehabilitation (1.Teil). *Krankengymnastik, 36* (3), 157-164.
- Cherek, R. (1984), Psycho- und sensomotorische Übungen im Wasser als Prävention und Rehabilitation (2.Teil). *Krankengymnastik 36* (4), 238-248.
- Cherek, R. (1998), *Säuglings- und Kleinkinderschwimmen.* Modernes Lernen: Dortmund.
- Detrois, G. (2001): *Physiologische und medizinische Aspekte des Säuglingsschwimmens. Untersuchung zum Verhalten der Körpertemperatur beim Wasseraufenthalt.* Diplomarbeit: DSHS Köln.

- Deutsche Lebens-Rettungsgesellschaft (DLRG). (Hrsg.). *Erste Hilfe. Erkennen, Beurteilen, Handeln.* DLRG: Bad Nenndorf.
- Deutsche Lebens-Rettungsgesellschaft (Hrsg.) (2014): *Babyschwimmen und –tauchen. Hinweise und Stellungnahme der Medizinischen Leitung.* Merkblatt M3-001-14: Bad Nenndorf.
- Deutsche Schwimmjugend (Hrsg.): *7. Fachtagung Säuglings- und Kleinkindschwimmen.* bod: Hamburg.
- Deutscher Sportärztebund (Hrsg.) (2014): *Das sogenannte Babyschwimmen.* Textvorlage DSÄB: Frankfurt/Main.
- Deutscher Sportärztebund (Hrsg.). (1994), *Stellungnahme Babyschwimmen.* Textvorlage. DSÄB: Heidelberg.
- Diem, L. (1967). I*ch bin – ich kann – ich will: Erfahrungen durch Bewegung.* (Sonderdruck aus Leibeserziehung 11/ 1965). Hofmann: Schorndorf, 402-408.
- Diem, L., Lehr, U. & Olbrich, E./Undeutsch, U. (1980), Längsschnittuntersuchung über die Wirkung frühzeitiger motorischer Stimulation auf die Gesamtentwicklung des Kindes im 4.-6. Lebensjahr. *Schriftenreihe des Bundesinstituts für Sportwissenschaft Bd. 31.* Hofmann: Schorndorf.
- DIN 19 643 – Deutsches Institut für Normung. (Hrsg.). *Aufbereitung von Schwimm- und Badebeckenwasser.* Beuth Verlag: Berlin.
- Dyk, D. van (1996). *Schwimmprogramme für Babys und Kleinkinder.* (Video). Fahnemann: Bockenem.
- Eggert, D. & Schuck, K. D. (1972). *Untersuchungen zu Zusammenhängen zwischen Intelligenz, Motorik und Sozialstatus.* Hofmann: Schorndorf.
- Gräfen, K. (2009): E*motionen und Lernen in der Frühförderung – Untersuchung der Leistungsentwicklung beim Säuglingsschwimmen anhand der Griffith Entwicklungsskala.* Diplomarbeit: Deutsche Sporthochschule Köln.
- Graumann, D. (1996). *Babyschwimmen.* Pflesser: Flintbek.
- Hoffmann, K. (2003): *Aufzeichnung und Analyse der Herzfrequenz während der Mitter-Kind-Interaktion beim Säuglingsschwimmen.* Diplomarbeit: DSHS Köln.
- Horn, M. (2003): *Vergleichende Untersuchung zur Problematik entwicklungsdiagnostischer Verfahren.* Diplomarbeit: DSHS Köln.
- Hunt-Newman, V. (1967). *So lernen kleine Kinder schwimmen.* Goldmann: München.
- Hunt-Newman, V. (1967). *Teaching an infant to swim.* Hartcourt, Brace & World: New York.
- Jenner, U. (2000). *Eltern-Kind-Schwimmen im zweiten Lebensjahr. Untersuchung der Auswirkungen eines regelmäßigen Wasserprogramms auf Wasservertrautheit.* Dipl. Arb.: Köln.

- Jöker, D. (Hrsg.). *Das Krabbelmäuse Liederbuch. 100 quicklebendige Spiellieder.* Menschenkinder Verlag: Münster.
- Karch, D. (Hrsg.) (1994). *Risikofaktoren der kindlichen Entwicklung. (Klinik und Perspektiven).* Steinkopff: Darmstadt.
- Kiphard, E. J. (1981). Sensomotorische Übungsbehandlung. In: A. Clauss (Hrsg.). *Förderung entwicklungsgefährdeter und behinderter Heranwachsender* (S. 76-85). (Beiträge zur Sportmedizin Bd. 12). Perimed: Erlangen.
- Knözinger, K. (2004): *Gemeinsamkeiten und Unterschiede der Onteraktion zwischen Mutter und Kind sowie Vater und Kind beim Kleinkinderschwimmen.* Eine video-unterstützte Verhaltensanalyse. Diplomarbeit: DHSH Köln.
- Koch, J. (1969). *Der Einfluß der frühen Bewegungsstimulation auf die motorische und psychische Entwicklung des Säuglings.* Sonderdruck aus: Bericht über den 26. Kongreß der Deutschen Gesellschaft für Psychologie (Hrsg.). Irle für Hogrefe: Göttingen.
- Kochen, C. & McCabe, J. (1986). *The baby swim book.* Leissure Press: Champaign.
- Krafft, B. (1961). Widerstandsgymnastik mit Hilfe des Wasserauftriebes. *Krankengymnastik, 13* (11). 231-235.
- Krafft, B. (1974). Die Auftriebstherapie und ihre Anwendung bei Coxarthrose. *Krankengymnastik, 26* (4). 123-126.
- Künert, B. (2003): *Verhalten von Müttern beim Säuglingsschwimmen. Eine Vergleihsstudie zwischen Erstlings- und Mehrfachmüttern anhand von Video- und Herzfrequenzanalysen.* Diplomarbeit: DSHS Köln.
- Largo, R. (1998). Babyjahre. *Die frühkindliche Entwicklung aus biologischer Sicht.* Piper: München.
- Liedloff, J. (1999^2). *Auf der Suche nach dem verlorenen Glück. Gegen die Zerstörung unserer Glücksfähigkeit in der frühen Kindheit.* Beck: München.
- Lietz, R. (1993). *Klinisch-neurologische Untersuchung im Kindesalter.* Deutscher Ärzte-Verlag: Köln.
- Mayerhofer, A. (1952). *Schwimmbewegungen bei Säuglingen.* Univ. Diss.: Leipzig.
- Mayerhofer, A. (1953). *Schwimmbewegungen bei Säuglingen.* Archiv Kinderheilkunde, 146, 137-142.
- McGraw, M.B. (1939). Swimming behavior of the human infant. *J. Pediatrics Am., 15,* 485-489.
- McGraw, M.B. (1975). *Growth. A study of Jonny and Jimmy.* Arno Press: New York.
- Meinel, K. & Schnabel, G. (1998^9). *Bewegungslehre – Sportmotorik: Abriß einer Theorie der sportlichen Motorik unter pädagogischen Aspekt.* Sportverlag: Berlin.

- Menz, R. (2005): *Sprachförderung beim Säuglings- und Kleinkindschwimmen mit entwicklungsspezifischem Liedgut.* Diplomarbeit: Deutsche Sporthochschule Köln.
- Michaelis, R. & Niemann, G. (1999). *Entwicklungsneurologie und Neuropädiatrie.* Hippokrates: Stuttgart.
- Moulin, J.-P. (1997). *Pratiques aquatiques du jeune enfant et développement de l' autonomie. Etude longitudinale de l'influence des pratiques aquatiques sur le développement de l'autonomie de l'enfant, de l'âge de 9 mois à celui de 30 mois.* Univ. Diss.: Toulouse.
- Müller, C. (2014): *Die Rolle der DSHS Köln für die Entstehung und Entwicklung des Säuglingsschwimmens.* Bachelorarbeit: DSHS Köln.
- Mumford, A. A. (1897). *Survival movements of the human infancy. Brain, 20*, pp. 285-294.
- Munteanu, M. (2012). *Urvertrauensbildung und Säuglingsschwimmen. Zusammenstellung förderlicher Aspekte anhand von Fall- und Literaturstudie.* Diplomarbeit: DSHS Köln.
- Noll, K. (2002). *Bewegungs- und Lernverhalten von Kleinkindern. Unterrichtsversuch mit verschiedenen Vermittlungsmethoden am Beispiel des Eltern-Kind-Schwimmens.* Diplomarbeit: DSHS Köln.
- Numminen, P. & Sääkslahti, A. (1994). *Analysis on the changes of motor activity in infant swimming. Proceedings of the VII. International Symposium on Biomachanics and Medicine in Swimming.* Atlanta (USA) 18.10.-23.10.94. Univ. Atlanta.
- Numminen, P. & Sääkslahti, A. (1998). *Water as a stimulant for infants motor development. Proceedings of the VIII. International Symposium on Biomachanics and Medicine in Swimming.* Jyväskylä (Finnland) 28.06.-02.07.98,. Univ. Jyväskylä, 102.
- Papousek, H. & Papousek, M. (1990). Intuitive elterliche Früherziehung in der vorsprachlichen Kommunikation. Teil I. *Sozialpädiatrie, 12* (7). 521-527.
- Papousek, H. & Papousek, M. (1990). Intuitive elterliche Früherziehung in der vorsprachlichen Kommunikation. Teil II. *Sozialpädiatrie, 12 (*8). 579-585.
- Peiper, A. (1961). *Die Eigenart der kindlichen Hirntätigkeit.* VEB Thieme: Leipzig.
- Piaget, J. (1959, 1969, 1996[4]). *Das Erwachen der Intelligenz beim Kinde.* Gesammelte Werke 1. Studienausgabe. Klett-Cotta: Stuttgart.
- Pighin, G. & Brauer, S. (1993). *Das große Kinderförderprogramm.* Pattloch: Augsburg.
- Plimpton, C. E. (1986). Effects of water and land in early experience programs on the motor development and movement comfortabbless of infant aged 6 to 18 months. *Perceptual and Motor Skills, 62* (3). 719-728.
- Portmann, A. (1972). Das extrauterine Frühjahr. In: H. St. Herzka, (Hrsg.). *Das Kind von der Geburt bis zur Schule* (S. 163-165). Schwabe: Basel.

- Potacs, W. (1995). *Grundzüge der Vojta-Therapie.* Haug: Heidelberg.
- PschyrembeL (1998[258]). *Klinisches Wörterbuch.* De Gruyter: Berlin.
- Raabe-Oetker, A. (1998). *Spiel und Spaß im Wasser – Babyschwimmen.* Falken: Niedernhausen/Ts..
- Schifflers, C. (2002): *Methodische Ansätze des Säuglingsschwimmens in Deutschland, Frankreich und der Schweiz: Vergleich der methodischen Ziele und inhalte unter Berücksichtigung des Säuglingstauchens im Rahmen einer Literatur- und Interviewstudie.* Diplomarbeit: DSHS Köln.
- Schilling, F. (1973). *Motodiagnostik im Kindesalter.* Empirische Untersuchung an hirngeschädigten und normalen Kindern. Marhold: Berlin.
- Schmidt-Hansberg, M. (1981). Die Halliwick-Schwimm-Methode nach McMillan in der Rehabilitation Behinderter. *Motorik, 4* (3). 103-111.
- Schmidt, A. (2001): *Gemeinsamkeiten und Unterschiede von Müttern und Vätern in der Einstellung zum Säuglingsschwimmen.* Eine Interviewstudie. Diplomarbeit: DSHS Köln
- Schmück, C. (2002): *Sportmedizinische Betrachtungen zum Säuglingsschwimmen. Untersuchungen zum Herzfrequenzverhalten.* Diplomarbeit DSHS Köln.
- Seiler, T. (1989). *Erste Hilfe bei Säuglingen und Kindern.* (Was Sie über akute, lebensbedrohliche Situationen und bei Unfällen wissen müssen, um schnell und richtig zu handeln). Thieme: Stuttgart.
- Spitz, R. A. (1967). *Vom Säugling zum Kleinkind.* Klett: Stuttgart.
- Watson, J. B. (1929). *Psychology from the standpoint of a behaviorist.* Lippincolt: Philadelphia.
- Weidinger, G. & Knyphausen, S. zu (1999[5]). *Die schönsten und beliebtesten Kinderlieder zum Singen, Tanzen und Mitmachen.* Cormoran: München.
- Weizsäcker, V. von (1950). *Der Gestaltkreis. Theorie der Einheit von Wahrnehmen und Bewegen.* Thieme: Stuttgart.
- Wielki, C. & Houben, M. (1983). Descriptions of the leg movement of infants in an aquatic environment. In: A. P. Hollander (Hrsg.). *Biomechanics and Medicine in Swimming. International Series on Sport Science Vol. 14* (pp. 66-71). Human Kinetics: Champaign.
- Wilke, K. (1990). Babyschwimmen. In: K. Wilke (Hrsg.). *Anfängerschwimmen* (S. 112-121). Rowohlt: Reinbek.
- Wilmes-Mielenhausen, B. (1994). *Eltern-Kind-Gruppen.* Herder Verlag: Freiburg i. Br..
- Zinke-Wolter, P. (1994). *Spüren – Bewegen – Lernen. Handbuch der mehrdimensionalen Förderung bei kindlichen Entwicklungsstörungen.* Borgmann: Dortmund.

2 Schlagwortverzeichnis

3 Bildnachweis

Covergestaltung, Umschlaggestaltung, Layout und Satz:	Eva Feldmann
Coverfoto:	©Thinkstock/iStock/FamVeld
Fotos Innenteil:	Mathilde Kohl und Henning Kaiser
Lektorat:	Dr. Irmgard Jaeger

4 Adressen und Ansprechpartner

Autorin: Lilli Ahrendt
Kieselstr. 5
40235 Düsseldorf
Tel. 0211-9890727
E-Mail: l.ahrendt@t-online.de
www.eltern-kind-schwimmen.de

Zertifikat „Kursleiter Säuglings- und Kleinkindschwimmen"
Deutscher Schwimmverband
Korbacher Str. 93, 34132 Kassel
Tel. 0561-9408340
E-Mail: info@dsv-jugend.de
www.dsv.de

Fortbildungsanbieter für Säuglingsschwimmen:
Deutsche Sporthochschule Köln
Universitäre Weiterbildung
Am Sportpark 6, 50933 Köln
Tel. 0221-4982-2130
E-Mail: hanusa@dshs-koeln.de
www.dshs-koeln.de/f&w

Deutsche Gesellschaft für das Badewesen e. V.
Herrn Hoffmann
Haumannplatz 4, 45130 Essen
Tel. 0201-87969-0
E-Mail: info@baederportal.de
www.boeb.de

Lehrmittelverlage und Schwimmmittelbedarf

Epsan Sportgeräte GmbH
Am Müllerberg 1
38729 Lutter am Barenberge
Tel. 05383-8030 oder -96960
E-Mail: deuschland@epsan.info
www.epsan.de

Fratufa-Sportgeräte
Beindersheimer Strasse 104
67204 Frankenthal
Tel. 06233-379370
E-Mail: info@fratufa.de
www.fratufa.de

Hauser Sportartikel
Zeppelinstraße 45
72119 Ammerbuch-Entringen
Tel. 07073-500038
E-Mail: info@sport-hauser.de
www.sport-hauser.de

ProSwim GmbH
Karin Bräunlich
Kopernikusring 64
92318 Neumarkt
Tel. 09181-220023
E-Mail: info@swimsafe.de
www.swimsafe.de

Sport Thieme
Helmstedter Str. 40
38367 Grasleben
Tel. 05357-18181
E-Mail: info@sport-thieme.de
www.sport-thieme.de

WASSERGEWÖHNUNG

ISBN 978-3-89899-824-6

€ [D] 16,95/€ [A] 17,50

ISBN 978-3-89899-915-1

€ [D] 16,95/€ [A] 17,50

ISBN 978-3-89899-788-1

€ [D] 14,95/€ [A] 15,40

ISBN 978-3-89899-414-9

€ [D] 16,95/€ [A] 17,50